新时代兵生活作品系列

兵本事

冯紫英 著

航空工业出版社
北京

内容提要

本书以谈心和讲故事的方式，深入阐释新时代军人有本事就是要素质过硬、能打胜仗，是一册鼓舞广大青年官兵淬火砺剑、炼成过硬本领的“青春励志书”。

图书在版编目（CIP）数据

兵本事 / 冯紫英著 . -- 北京 : 航空工业出版社，2019.1（2021.5 重印）
ISBN 978-7-5165-1802-1

Ⅰ . ①兵… Ⅱ . ①冯… Ⅲ . ①军队建设—研究—中国 Ⅳ . ① E2

中国版本图书馆 CIP 数据核字 (2019) 第 000766 号

兵本事
Bing Benshi

航空工业出版社出版发行
（北京市朝阳区京顺路 5 号曙光大厦 C 座四层　100028）
发行部电话：010-85672683　010-85672663

三河市南阳印刷有限公司印刷　　全国各地新华书店经售
2019 年 1 月第 1 版　　2021 年 5 月第 3 次印刷
开本：880 × 1230　1/32　　印张：7　　字数：160 千字
印数：8001—11000　　定价：38.00 元

要适应强军目标要求，把握新形势下铸魂育人的特点和规律，着力培养有灵魂、有本事、有血性、有品德的新一代革命军人。

——习近平

引言

有种本事叫打赢

习近平主席指出，有本事就是要素质过硬、能打胜仗。强调，有本事是强军之要。身为军人必须精武艺、通谋略、强技能，在谋求打赢上拥有神通广大、胜敌一筹的本事。军人最大的荣耀，莫过于战场上一展身手，谈笑凯歌还。

小时候，父亲常抚摸着我的头反复叮嘱，长大后一定要学一手像模像样的本事，千万别像他，吃了一辈子没本事的亏，只能土里刨食吃。其实，父亲怎么没本事呢？父亲是个农民。农民的本事，是春天在肥沃的土地上播下种子，秋天的原野上写满了他们的辛劳、汗水和收获。

稍大，东家的木匠，一撸夹袄，赤膊锛木，一锛抡下，木花飞溅，一根方方正正的椽木证明着小木匠的手艺；西家的铁匠铺，风箱呼呼，炉火红红，大锤小锤，你叮我当，一把把弯弯的镰刀在金色麦浪间闪着青光；家后的理发师傅，推子生风，银剪翻飞，只消三五分钟，镜中便映出潇洒帅气的你……这些都是我敬重的师傅，精湛的技能，辉映了他们的人生。他们都是平凡的人，靠本事吃饭。

读书知道，汉高祖刘邦打下天下，与群臣诸将小聚，谈起成功之道时说：“夫运筹帷幄之中，决胜千里之外，吾不如子房；镇国家，抚百姓，给粮饷，不绝粮道，吾不如萧何；连百万之众，战必克，攻必胜，吾不如韩信。三者皆人杰，吾能用之，此吾所以取天下也。”刘邦告诉我们，打下天下不是说靠这靠那，而是靠张良、萧何、韩信三个有本事的人。我知道，刘邦也是一个，靠本事打天下、坐天下。

刀光剑影，马鸣风嘶，军人的本事创造着历史、书写着历史，在历史的天空形成灿烂的星际。“明犯强汉者，虽远必诛”的陈汤；“羽扇纶巾，谈笑间，樯橹灰飞烟灭”的周公瑾；“待从头，收拾旧山河”的岳飞；“一年三百六十日，多是横戈马上行”的戚继光；等等。他们靠着智勇双全的本事，驰骋疆场，精忠报国，“上马击狂胡，下马草军书”写就军人的荣光。

素有清朝“中兴之臣”之称的李鸿章，虽然在历史上颇有争议，也应该算是个有本事的人。但当清朝戴着工业总产量“世界第一”的桂冠而任人宰割、任人侵掠时，李鸿章也只剩下在一系列丧权辱国的条约上签字的本事。签毕，一口鲜血，喷涌而出，震落的顶戴花翎在历史的长河里，裹挟着千余份屈辱条约、数千万人的血泪哀号、一个王朝的覆灭消亡，飘动着、纠结着、闪回着，灼目、揪心、警世。

自然，还有那头本事不大的“黔之驴”。“驴一鸣，虎大骇”，起初还有一定的震慑作用，老虎渐渐听惯了它的叫声，便有意试探，反复撩拨、戏弄，“驴不胜怒，蹄之”。摸清了驴的全部本事，“虎因喜”，“技止此耳！”驴子充其量仅有一鸣、一蹄的本事，最后技穷，只能任老虎“断其喉，尽其肉，乃去”。这些都是刻骨铭心的。这能耐那本事，打不了胜仗就是没本事。历史的铁律是战争决定成败、本事决定生死。自然界也不例外，包括那头驴。

18 岁，踩着“当兵为打仗，只等军令动”的鼓点来到军营。班长帮我正正帽徽，紧紧领口。鲜红的军旗下，我看见伟人毛泽东，运筹帷幄，决胜千里，打败力量比之强大百倍千倍的敌人。“俱往矣，数风流人物，还看今朝”，那是胸中自有百万兵的气概，那是腹有诗书气自华的潇洒，我知道，那叫有本事。

军队因战而存，军人为战而生。本事靠战场检验，用子弹较量。邓小平曾多次自豪地说过：“我是一个军人，真正的专业是打仗。”上台能讲课，上阵能指挥，能文能武，有勇有谋。罗荣桓任八路军一一五师政委时，为粉碎日军在山东的“清乡”活动，带领部队灵活运用战术打入敌占区，赢得了官兵尊重；在山东军区独当一面，立下赫赫战功。粟裕将军久久地站在军用地图前沉思……开国十大元帅和 1000 多名将军人人战功卓著、本领超凡……四渡赤水出奇兵、平型关大捷、百团大战、三大战役……一部人民军队的发展壮大史，更是一部名将辈出、将星璀璨的英雄史。自古以来，将贤则兵胜，将强则士勇。红军、八路军、新四军、解放军的每个连队、每个战士，都是能攻善守的“红色尖刀”、敢打硬拼的“无敌勇士”，都是“最能打的！”86 岁的抗战老兵霍维新说：“战场是你死我活的拼杀，鬼子很狡猾，也很能打，哪像抗日神剧里演的？”你不一招毙敌，敌人就会一招灭你。新兵萧宝虎瞄准目标、装定标尺，随着班长“预备——放！”的口令，炮弹直扑日军坦克。“神枪手”魏来国用 122 发子弹打死 111 个敌人。敌工侦察员杨子荣“穿林海、跨雪原，为剿匪先把土匪扮，似尖刀插进威虎山……”志愿军战士邱少云的战术动作是最敏捷、最过硬的一个。看过他训练的师团领导称赞说：“这样的速度，叫敌人无法抵挡”……基因不变，本色不变，信仰的种子、制胜的密码接续传承……团队的荣誉墙上，戴着大红花、军功章的老红军、老八路……英雄们的样子亲切而生动，一个接着一个，令人目不暇接，战斗故事、英雄事迹一个比一个扣人心弦……

我看到，千千万万的士兵们，把本事凝聚在枪口上，消灭一个又一个敌人，打赢一个又一个胜仗；把本事写在军旗上，插上一个又一个山头、插向乡村、插向城市，辉映全中国。呼啦啦的风吹过，布满弹孔的战旗漫过头顶。

我看到，那些翻滚跃进的特种兵们，驾驶新型战车的神炮手们，巡弋大洋的导弹驱逐舰舰长们，翱翔蓝天的飞行员们以及箭在弦上、引而待发的导弹发射兵们……“三百六十行，行行出状元”，坚固着打赢的每一环链条……他们靠本事解放全中国，他们靠本事赢得世界的尊重，他们靠本事把中国军人的名字擦得锃亮！

我知道，有种本事叫打赢。能打仗打胜仗的兵才是合格的兵，才是真正的革命军人。未来战场不会偏袒哪个人，胜负要靠本事来说话，没有过硬的“金刚钻”，就无法取得走上战场的“入场券”，吹响迎接胜利的冲锋号！

班长把枪交给我。课目：射击训练。目标：正前方。要求：能打仗打胜仗。父亲说，要学样像模像样的本事。班长说，要练好手中枪，当个合格兵。我知道，我是一个兵，我的主业是训练，我的专业是打仗，我的本事就是能打仗打胜仗。

目录

第一章　强军之要：军人的本事是能打胜仗........................001

1 战争离我们很近，我们距打赢还远........................003

2 脑子里不想打仗，哪有对本事的渴求........................022

3 追星就追精武星........................030

4 无论当兵干什么，精武强能不松弦........................038

5 战败的屈辱首先是军人的耻辱........................052

第二章　制胜秘籍：一个合格兵的N种本事........................081

6 给你的大脑植入信息化“芯片”........................083

7 “人剑合一”是本事的最高境界........................095

8 e时代，打仗还要不要好身板........................103

9 内心强大者，沙场胜算多........................115

10 百人一杆枪，合力打胜仗........................126

11 昨天的战法，打不赢明天的战争........................137

第三章　淬火砺剑：过硬本领是这样炼成的……147

12 不盯着战场练本领，你的准星就瞄偏了……149

13 踮起“脚尖”望战场，看多远才能打多远……162

14 让一颗子弹练出一箱子弹的效果……178

15 戗着的草长得壮，比着练本领更强……189

16 虎狼逼出好猎手，“强敌”过招才能练出好身手……195

17 刀剑越磨越利，本事越用越强……204

第一章

强军之要：军人的本事是能打胜仗

能打仗、打胜仗是强军之要，是军队的职能所系、价值所在。军人的素质高低、本领大小直接决定着战斗力的水平，决定能否打胜仗。一些青年官兵认为，“仗一时打不起来，更打不起来大仗！”“自己位子低、岗位小，打仗和自己无关！”面对打赢信息化战争、应对周边现实安全威胁、“两个能力不够”问题，亟须增强提高打赢本领的危机感、紧迫感和“本领恐慌”意识。

1 战争离我们很近，我们距打赢还远

中国人民抗日战争暨世界反法西斯战争胜利70周年纪念日。鲜花、礼炮，威武的仪仗、欢呼的人群，长天蔚蓝白云朵朵，大地辽阔绿意盎然……我们有足够的理由庆祝这经过艰苦卓绝的战争而换取的胜利，这用千万人的生命和鲜血换取的胜利！习主席指出，战争是一面镜子，能够让人更好认识和平的珍贵！纪念是一种仪式，更是一种昭示。纪念是一种铭记，更是一种警醒：当和平鸽带着清亮的鸽哨振翅飞翔在天安门广场上空的时候，我们不仅欣赏它美丽的飞翔，更要警惕那瞄准它的猎枪！

先辈们用鲜血换取的胜利果实
我们拿什么样的本事去捍卫

和平与发展是当今时代的主题，然而，和平不等于安全，发展更需要安全。“战争的达摩克利斯之剑依然悬在人类头上”。当前，世界正处于大发展、大变革、大调整时期，各种国际力量加快分化组合，大国关系进入全方位角力新阶段，围绕权力和利益再分配的斗争日趋激烈，局部动荡频繁发生，现实和潜在的战争威胁依然存在。我国安全形势复杂严峻，周边热点问题持续升温，家门口生事、生乱、生战的可能性严重存在。环顾周边，群狼环伺，虎视眈眈。域外强国甚至一些周边小国，纷纷从陆地、海洋等方向威胁中国主权、安全和发展利益。一些西方国家千方百计挤压我战略发展空间，把国际战略竞争博弈的焦点引向亚太地区，剑锋直指我国。近几年，日本正再次大步踏上军国主义的老路。日本政府2018年版《防卫白皮书》，宣称朝鲜对日本是“史无前例且迫在眉睫的威胁”，继续鼓吹“中国威胁”的陈词滥调。为日本谋求成为军事大国张目。同时，大肆扩充军备，在与邻国的领土问题上屡屡挑起事端，挑战战后国际秩序。与此同时，国内“三股势力”与境外敌对分子勾联聚合，暴恐活动曾经一度猖獗。

美国著名中国问题专家、哥伦比亚大学教授安德鲁·内森指出：“美国的位置使它几乎不会受到外敌的直接军事入侵，中国的位置却使它千百年来屡遭侵犯。美国的安全问题是国外，而中国面临的最紧迫的问题是在它边界线上和边界之内。”这一分析颇有道理，中国地缘安全环境的总体态势在任何时候都不容乐观。

中国军人就处在这样一个咄咄逼人的国际环境中。

特别值得高度警惕的是，日本军国主义幽灵的复活企图。据统计，从古至今，中日两国之间已经发生过近百次战争，其中持续8年以上的战争就有3次，而每一次战争都是日本主动进攻。总结历史经验可以发现，日本一方面表面上非常“彬彬有礼”“爱好和平”，以此欺骗民众，欺骗世界，私下里却包藏祸心。“右手握手，左手拳头紧攥，这样是不会产生真友情的”。另一方面又制造事端嫁祸于人。每一次发动的侵略行动，日本都是在和平的谎言下精心策划、预谋，而后制造事端，不宣而战。像大家所熟知的卢沟桥事变，日本以“一名士兵失踪”（二等兵志村菊次郎，10 点 30 分被认为失踪，10 点 50 分归队。此人 1944 年在缅甸被新一军孙立人部击毙）为由挑起冲突。再一方面就是进行战争偷袭，这是日本的惯用伎俩。突袭北洋水师战舰，发动甲午战争；突袭旅顺俄舰，发动日俄战争；突袭沈阳北大营，发动九一八事变；突袭宛平城，制造卢沟桥事变；偷袭珍珠港，发动太平洋战争……

令人惊心的是，每一次大规模的战争发起，日本都是经过了几年或几十年的精心准备。中日甲午战争前后，日本政府就开始对我国进行大规模的侦察，用特务冒充专家，或是以专家充当特务，对中国城乡的军事、资源、地理、工农业甚至风俗进行事无巨细的摸底。

当年，日本发动侵华战争前，也曾对大半个中国进行了实地测绘。湖南郴州曾发现一张由“日本陆军少将大场弥平编纂”的《支那最新大地图》。这张日本侵华军用地图发行于 1938 年 1 月 1 日，左侧印有“特别注明，不许复制”字样。地图上详细标注了当时中国中东部各省政府所在地、机场、铁路、河道以及石油、煤炭、铁、羊毛等资源盛产地，人数和富裕程度，甚至各村的道路水井、一屋一树。还有国民政府所设无线电台地点。“兵要地志”作为侵华日军的利器，其细致程度令人毛骨悚然。

我曾采访过一位抗战老战士，他讲过这样一个关于地图的故事。战争年代，我军曾缴获大量日军地图，并用于作战训练。1963 年春夏之交，他参加驻惠州地区一个步兵营的小型野营拉练，准备用一天时间纵贯大鹏半岛。全营凌晨 4 点起床，4 点 30 分早餐完毕从驻地出发，中午在半岛中部的黄村午餐，然后一口气插到半岛最南端的西涌镇宿营。这个行军路线是对照日本军用地图制定的。当部队按时到达半岛中部应该是黄村的位置，却找不到村庄的影子。纵目四望，到处都是杂草树木，一片荒芜。那时的大鹏半岛人烟非常稀少，找不到一个可以打听的人。只好下令就地埋锅做饭，同时拿着地图寻思：小日本的测绘也不怎么样啊！明明没有村庄，却硬画出一个村庄来！当天晚上部队到达西涌后，当地群众回忆说，1938 年 10 月 12 日，日寇为了策应武汉会战，切断我国的海上对外通道，集中了 3 个军团 7 万多人、数百艘舰艇和 100 多架作战飞机，突然从海上进攻华南，登陆点就是大鹏半岛。国民政府事先毫无察觉，布置的防御兵力极少。日寇一路烧杀抢掠，黄村首当其冲，全村男女老幼数百口惨遭杀害，村舍也全被焚毁。从那以后，黄村的村民们开垦耕种的田地就从地面上消失了，成了今天的荒烟蔓草、杂树荆棘……

2010 年，新疆维吾尔自治区塔城地区测绘局接群众举报，发现日本公民携带手持 GPS 接收机在塔城地区进行非法测绘活动，采集我国地理信息坐标 598 个，涉及塔城地区军事管理区的就多达 85 个，如此下本钱，显然不是为旅行而来……

俗话说，“不怕贼偷，就怕贼惦记”。地图与军事有着天然的、密不可分的关系，古今中外军事家有许多深刻的论述。红军大学校长刘伯承对学员这样说过：“有了准确的地图，指挥员就有了眼睛；没有地图，作战行动就没有了方向。”在所有的情报搜集中，非常重要的一项就是“兵要地志”。“生死之地，存亡之道，不可不察也！”

据日本媒体报道，日本海上自卫队宣布派遣包括日本最大吨位战舰，准航母“加贺”号在内的3艘战舰前往南海和印度洋。“加贺”号曾经是日本侵华时，轰炸上海、南京的主力航母的舰名，对中国犯下过滔天罪行，“二战”期间被美军击沉。“加贺”号的重现，但愿不是日本军国主义阴魂不散的又一次挣扎。

1938年5月，毛泽东在《论持久战》中写道：

> 日本军队的长处，不但在其武器，还在其官兵的教养——其组织性，其因过去没有打过败仗而形成的自信心，其对天皇和对鬼神的迷信，其骄慢自尊，其对中国人的轻视等等特点。这是日本军阀多年的武断教育和日本的民族习惯造成的。我军对之杀伤甚多、俘虏甚少的现象，主要原因在此。……世界上只有猫和猫做朋友的事，没有猫和老鼠做朋友的事。

毛泽东说，日军不仅武器好，而且训练有素，战斗力强，他们根本看不起中国，除非打下它的气焰，中日不可能做朋友。

《菊与刀》中分析日本人的文化心理，认为日本人要获得世界的尊敬，他们所看到的就是凭借军事实力才能赢得大国的地位，因此他们要努力与这些大国并列。因为自然环境的限制，缺乏资源……所以他们不得不比希律王更加凶狠。他们的巨大努力正是为了这个目的。曾有日本军官笑言："中国人有一种奇怪的逻辑：强者有保护弱者的义务。这真是可笑，你既然打不过我，我为什么不把你的都抢过来呢？"在"崇强"文化依然根深蒂固的日本面前，强大的军事实力是不二选择。

习主席深刻指出："军队要充分认清国家安全形势的复杂性和严峻性，强化随时准备打仗思想。""要高度警惕国家被侵略、被颠覆、被分裂的危险，高度警惕改革发展稳定大局被破坏的危险，高度警惕中国特色社会主义发展进程被打断的危险。"

"现在，强军的责任历史性地落在了我们肩上，要挑起这副担子，必须敢于担当。"人民解放军永远是个战斗队，必须时时处处保持清醒，洞察外部环境变动，时刻做好应对潜在不测事件与挑战的准备。军人的肩膀扛枪扛炮，扛的更是国家和民族的安危。我们责无旁贷！我们箭在弦上！

战争这头怪兽，往往在人们困顿之时悄然逼近，在放松之时猝然降临。守不忘战，将之任也；训练有备，兵之事也。北宋将领宗泽，临终前连呼："过河！过河！"清朝中兴名臣左宗棠，离世前大声疾呼："整队出战，我要打！"武汉会战中陈德馨旅长用足气力大声呼喊："拼、拼、拼！"导弹司令杨业功，弥留之际不停地呼喊："一二一，出发！"……

战争的警醒，传承于血脉，植根于记忆。

某海防团"刘公岛一连"，把强烈的忧患意识转化为提高自身素质的紧迫感、卫国守土的责任感、打赢未来战争的使命感，枕戈待旦，历练精兵，像一支"随时准备打仗、随时能够打胜仗"

的待发利箭，把连队建设成坚不可摧的“海上堡垒”。

一日，连队参加上级组织的分队战术训练课目考核。大雨如注，考官们打算推迟考核时间，可一连主动请战。“战争不会选择天气。训练不怕苦，战时少流血！”官兵们吼叫着冲进雨中。

也是雨天，天空飘着蒙蒙细雨，机场能见度不足两千米。这对某飞行团三级军士长桂树峰和他的战友们来说是再平常不过的一天。

“即使天气不好，也不能有丝毫的懈怠。”作为士官代理排长，他带领机组人员认真做好每一次飞行准备，时刻保持利箭在弦的状态。只要海空有情况，战机随时都要起飞执行任务，多少次预料之外的转进，让他们意识到，平时眼睛里没有敌情，战场上就会丢掉性命。战争不会因为天气有丝毫延迟，而对于机务兵来说，能打胜仗就是保证战鹰随时升空作战。

“铃铃铃……”那天8时30分，转进铃声毫无征兆地响起。似条件反射一般，铃声一响，他们迅速夺门而出，以百米冲刺的速度向战机飞奔而去……

假如战争明天来临，你准备好了吗？

2014年12月13日，习主席在南京大屠杀死难者国家公祭仪式上发表重要讲话，深刻指出：“历史告诉我们，和平是需要争取的，和平是需要维护的，只有人人都珍惜和平，维护和平，只有人人都记取战争的惨痛教训，和平才是有希望的。”我们当然永远呼唤和平，但是决不乞求和平；我们希望和平，但必须有能力捍卫和平。在战争阴霾和战争威胁面前，军事手段作为保底手段，只有靠得住、能顶用，才能底气足、腰杆硬。抗日战争我军用“小米加步枪”打败了不可一世的日本侵略者。抗美援朝战争，中国人民志愿军以大无畏的英雄气概和血肉之躯，打败了“武装到牙齿”的美军……中国政府和军队用实际行动向世界宣告，我们不要别国的一寸土地，也决不允许别人侵犯我国领土。

托洛茨基有句名言，“也许，你对战争毫无兴趣，但战争对你却兴趣正浓”。不论我们多么热爱和平，期望和平，但我们头顶随时都可能落下的战争之剑，却让我们不能有一丝一毫的懈怠。

30年前，邓小平说过这样一句话：“我们应该想到，如果现在敌人打来怎么办？”这是一个多么振聋发聩的警世名言啊！在维护国家主权、安全和领土完整的斗争中，党和国家动用军事力量是最后手段、最后选项；而对军队来讲，则是唯一手段、唯一选项。军队只有真正具备打赢能力，才能慑有效果、谈有砝码、打有本钱。

作为昨天的胜利者，我们应多一些“能力之问”。昨日的辉煌只属于过去，昨天能打赢，不代表今天能取胜！面对严峻复杂的国家安全形势，我们拿什么来保证国家不被侵略、颠覆、分裂？拿什么来保证改革发展稳定大局不被破坏？拿什么来保证中华民族的伟大复兴进程不被打断？

我们必须清醒地认识到：世界传统军事强国的脚步不是减慢了，而是加快了，他们的潜艇潜得更深更“隐蔽”了，他们的军事科技还在引领世界潮流，他们的战机甚至已经实现无人驾驶了……前段时间看报道，说美军有个计划“一小时打遍全球”。战争就像狮子和羚羊的赛跑，第二名的鲜血就是第一名的奖品。在军事斗争准备异常迅猛激烈的今天，我们一定要告诉自己，我们在前进，敌人也没有睡觉。如果战争现在降临，我们准备好了吗？是否具备战之必胜的把握？

“假如战争明天来临，你准备好了吗？”我们不妨对照这个问题，从思想到物质，全面审视自己，看看还有什么地方“缺斤短两”：“我们能够做到召之即来，但能否做到来之能战、战之必胜？”“中国军队几十年没有上过战场，战争时期寒光闪闪的刀剑，和平时期以少胜多行不行？兵力对等行不行？以多胜少行不行？”“从武器装备、战略战术、作战理念到战斗精神，突遇战事能否处之泰然、从容应对？”“当年那支曾经英雄辈出的军队，一旦战事爆发，一旦强盗和歹徒不再躲在暗处窥伺，能否做到剑锋所指，所向无敌？”“在内外危机一旦爆发时，能否应对自如，决战决胜？”“一剑封喉的绝招有没有？”“人机合一的境界到没到？”“融合一体的整体战斗力强不强？”如果这些问题突然让你冷汗直流，那么请牢记，军事斗争准备的路上，不奋进、必灭亡！如果没有准备打仗的心态，没有打胜仗的充分准备，就有可能一战即败，其后果不堪设想。

有一根弦我们紧绷着，有一种责任我们肩扛着，有一片风浪我们紧盯着，有一声号令我们等待着。作为新时代革命军人，必须清醒认识我国安全形势的复杂性和严峻性，始终做到脑子里永远有任务、眼睛里永远有敌人、肩膀上永远有责任、胸膛里永远有激情。时刻准备战斗、准备打仗，确保在党和人民需要的时刻，召之即来、来之能战、战之必胜！

本领恐慌是唯一的恐慌

一提起战争，人们便会习惯地联想到炮声隆隆、硝烟弥漫、弹片横飞的战争场面。然而，信息化时代发生在互联网上的战争却以一般人意想不到的形态悄然降临：无人、无声、无形，没有刀光剑影，没有枪林弹雨，没有血流成河。

甚至在某种程度上我们可以预想，未来战争越来越可能像科幻电影中的情节一般：地面上是装甲战车、机械化步兵进行扭斗厮杀，空中各种形态、性能不一的飞行器，各种飞弹划破天空留下的光束相互交织、战斗正酣，而作为操纵战争的人，却在千里之外，正端起一杯热咖啡在指挥所里遥控着一切……

也许现实和想象只是咫尺之遥，也许这一切明天就会来临！

2003 年 3 月，伊拉克战争。美军在开始常规攻击之前，侵入伊军专用军事保密网络，向数以千计的伊军军官发送电子邮件，劝其将坦克和其他装甲车辆整齐地停放在基地外面并远离它们，获得成功。伊军许多部队未经交战就消失得无影无踪。

2012 年，科幻电影《变形金刚》为我们呈现了一场壮观的视觉盛宴。其中决战金字塔之巅的一幕令人难忘：在“博派”机器人与“狂派”机器人打得难解难分时，“博派”机器人眼看支撑不住的时候，一道电光从大洋之中极速飞来，击中“狂派”机器人，令其瞬间灰飞烟灭。这一武器正是美军借好莱坞影片广为宣传的神秘杀手——电磁轨道炮。如今，这一武器已经走下荧幕，走进了军事应用领域。

这真是一个神奇的时代，许多过去没想到、不敢想的事就真真切切地发生在今天的军事生活中。迄今，全球已有60多个国家的军队装备了无人机和军用机器人，种类超过150种，无人装备作战已是“家常便饭”。科学技术的发展，给军事领域带来了深刻的变化，“一键制敌”“一钮制敌”不断成为现实。

较量无声，却惊心动魄；不见硝烟，却瞬间决定存亡。人们不禁要问：人的大脑还有没有用？人的作用是不是已被先进武器取代了？事实上，武器装备只是人的物质、能量、信息三种力量的外化、扩张和脱离，是人的战斗力的延伸。尽管在近几场信息战争中，武器装备对于战争胜负所起的作用越来越大，但并没有改变人是战争胜负决定因素的定律。打仗靠的是装备，打胜仗靠的绝对是知识、是人才。

毛泽东在指导中国革命战争的过程中，论证了人与武器的关系，进一步肯定了人是决定战争胜负的主要因素。他说：“武器是战争的重要因素，但不是决定的因素，决定的因素是人而不是物。”美军的条例中不也这样写吗？“战争是由人而不是由机器去进行并取胜的，一如既往，人的因素将在未来战役和战斗中起决定作用”。信息化战争不仅仅是高技术武器装备的较量，更是人的谋略、技能、智慧和勇气的比拼。打赢这样的战争，必须依靠大批知识型军人。

自从人类社会产生了军事对抗，军人素质的高低和军事人才的多寡，就一直是决定胜负的重要因素。但不同时代军事对抗方式的不同，军事人才的价值和作用也存在着巨大差异。我们看古代战争小说，冷兵器时代常常会出现这样的场面：每当两军对垒之际，总有一方会出现一位勇武之士突入阵前。一阵叫战之后，双方“全仗一条杆棒，只凭两个拳头”，你来我往，战上几十回合。正所谓：两强相遇勇者胜。机械化战争时代，注重的是技能素质。信息化战争时代，人的因素将极大地向高新技术延伸和扩张，知识和技术成了战斗力的主导因素，战争的较量是综合素质的较量。两强相遇，不一定是“勇者胜”而很可能是“智者胜”。

在第三次中东战争中，以色列为实现首战决胜，把 100% 的战机投入初期，不到 3 个小时便摧毁了埃及 80% 的战机。海湾战争初战，多国部队集中了近 3000 架战机、出动 12 万架次，发射“战斧”巡航导弹 288 枚，迅速使伊拉克军队丧失了 50% 的战斗力。首战即决战，实质是精兵利器的倾力角逐，是“尖刀人才”的本领对决。

在 20 世纪 80 年代的两伊战争中，伊朗和伊拉克都花巨资购买了大批现代化武器，但由于没有实现“人的现代化”，尽管炮火铺天盖地，但命中率不高，被奚落为“外行军队”进行的战争。

武器装备的数字化、智能化、信息化，使军事对抗成为智能的较量、知识的交锋，需要造就的是“智能型”“知识型”军队。军队之间的较量，不再单纯取决于人数的多少、体力的强弱，而在很大程度上取决于知识与科技水平的高低，这在实质上是知识与人的融合，意味着未来战场在呼唤高新技术知识的同时，更呼唤着高素质的军事人才。

克劳塞维茨在《战争论》中指出："如果我们进一步研究战争对军人的种种要求，那么就会发现智力是主要的。平庸的智力碰巧也能辨别真相，非凡的勇气有时也能弥补失算，但在大多数情况下或就平均的结果来看，智力不足总会暴露出来的。"因此，"即使是一个职位很低的指挥官要想取得卓越的成就，也必须具有卓越的智力，而且这种智力必须随着职位的提高而提高。"

由于信息技术的充分运用，使得整个军事系统运行的速度和效率都比传统有了极大的提高，对官兵的素质和智能水平有了更高的要求。没有知识的军人甚至扣动不了高技术条件下武器装备的"扳机"，遑论谋划精密而复杂的高技术战法。

我军素以能打大仗、善打硬仗、敢打恶仗而闻名于世，曾创造了无数以少胜多、以弱胜强的战争奇迹。但我们必须清醒地看到，能打胜仗的能力标准随着战争实践发展而不断变化，以前能打胜仗不等于现在能打胜仗，能打赢传统战争不等于能打赢现代战争。信息化战争对每名官兵的能力素质特别是信息化素质，提出了新的要求。时代追问我们，昨天的"李云龙"能否指挥今天的战争？昨天的"许三多"能否称雄今天的疆场？

习主席指出，当前，我军现代化水平与国家安全需求相比差距还很大，与世界先进军事水平相比差距还很大，现代化战争能力不够、各级干部指挥现代化战争能力不够的问题依然很现实地摆在我们面前。要求："全党同志特别是各级领导干部要有本领不够的危机感，以时不我待的精神，一刻不停增强本领。"

但现实中，有的部队盼新装备盼"红了眼"，新装备来了"傻了眼”，新装备趴窝“干瞪眼”。有这样一个故事，说是某部一批装备车辆返厂维修时，厂家意外发现已配发7年的车载故障联网诊断设备居然还未启封。他们疑惑地问：“如此先进的信息化设备你们怎么不用？”在场的官兵给了“任性”的回答：“没有这些信息化装备，我照样修车，费时费力学它干啥？”这反映出，一些官兵虽然口头上喊着信息化，实际上却在“重复昨天的故事”。刘伯承元帅曾经形象地指出，只有装备没有人才，就像叫花子捡了个金饭碗，没有用场。

1997年，素有“铁军”称号的某摩托化步兵师改编为全军第一支轻型机械化步兵师。当第一批步战车开进营区时，官兵像过年一样高兴。然而，兴奋劲儿还没过去，一个个“洋相”接踵而至。有的将步战车当作交通工具，开着四处乱跑；有的演练中把步战车“晾”到一边，照老战法徒步发起冲击；第一次实弹射击，车载火炮竟然几个小时没打出一发炮弹。摩托化到机械化，两字之差，却是“全方位”的革命。官兵们陷入前所未有的阵痛之中，要想“转型”成功，看来“没有真本事，难揽瓷器活！”逼着全师官兵在困境中新生。有一位先后为团队夺过20多枚金牌的连长，三进新装备培训班就是过不了关，被确定转业。团领导找他谈话时，他半天才抬起头说：“我是真舍不得离开部队啊，将来一旦有战事，一声召唤，我马上回来。”在“立下过无数汗马功劳”的“叶挺独立团”，全团仅留下一名大学生连长，其余的连长全都“挥泪告别了军营”，四分之一的团领导黯然脱下了戎装。

当时也有人请求：能不能多给我们一点儿时间，弥补一下知识的缺憾？但部队领导认为：与世界先进国家的军队相比，我们已经晚了。铁军等不起，中国军队等不起！

早在1939年，毛泽东就指出："我们队伍里边有一种恐慌，不是经济恐慌，也不是政治恐慌，而是本领恐慌。"

在瞬息万变、竞争激烈的当今时代，本领恐慌更加严重。今天，每一个人都存在着本领恐慌，每一个人都应有本领恐慌感。作为无业人员，没有一定的本领，连"泥饭碗"也找不到；作为公司职员，本领跟不上时代，有了饭碗也会被打烂，面临"下岗""下课"危机；作为军人，本领不强训练场上就会玩不转，战场上就要打败仗！信息化战争对每名官兵的能力素质特别是信息化素质提出了新的要求，人人要有强烈的本领恐慌和学习紧迫感，不断在能力上"升级"、素质上"扩容"。

"多少事，从来急，天地转，光阴迫。一万年太久，只争朝夕。"现代战争形态和作战样式加速演变，新时代革命军人必须以"明天战争就要打响"的紧迫感，练就克敌制胜的高招、绝招。湖南卫视《绝对忠诚》第四季向观众介绍了一位与时间赛跑的带兵人。某旅旅长周玉印带兵有一个法宝，就是永远比别人起得早。从担任旅长的第一天起，起床号响起的时候，周玉印已经跑完了3公里。他说：作为指挥员，你一定要成为所属部队第一个起床的。因为你第一个起床，你就能看到谁第二个起床，谁在努力！要想在战场上打赢敌人，必须在平时跑赢时间，做时间的主人。时间不等人，对手不等人，唯有比别人早，才能拔得头筹，赢得先机。他是“跨跃—2014朱日和”7场演习中，唯一获胜的“红军旅长”。

长征途中，某部前辈一直担任中央红军的“开路先锋”。改制换装之初，官兵们发扬“开路先锋”精神，兴起了学习新知识、驾驭新装备的热潮。高级工程师汪家国，当时是一名仅有初中文化程度的副连长。他钻研新装备如痴如醉，5年中只休了28天假，先后拜35位专家为师。晚上学习时，桌上放一把辣椒，地上放一盆冰水，实在困了，就吃辣椒刺激，用冷水泡脚提神，刻苦读完了大学课程，成了部队有名的“装备通”，18项成果获军队科技进步奖，被聘为国务院、中央军委军工产品定型委员会委员。这些年，部队共引进和培养出180多名博士、硕士研究生，有70多人被军区评定为作战部队工程技术骨干，400多名装甲乘员取得特级技术等级证书，69个关键岗位的8000多人全部胜任本职工作，构建了一个宏大的强军人才方阵。

“面对未来战场，其实谁都会有‘本领恐慌’，但只有‘本领恐慌’还不够！”恐慌什么，就钻研什么、突破什么、提高什么！成功地完成了“神五”“神六”任务的中国航天员大队，在组建之初，跟载人航天工程其他系统的人员一样，队员们都面临着短时间内要赶上和超越世界先进水平的紧迫重任。面对全新领域的知识，航天员们知道，这是比体能和技能挑战一点都不会轻的挑战，唯有超时间、超负荷地学习，才可能缩短差距。长达5年的艰苦学习和训练，仅基础理论学习，就包括载人航天工程基础、航天医学基础、医学生理学基础、地理学、天文学、高等数学、力学、英语等30多门课程……“那时候，基本上没有在夜里12点以前睡过觉。”航天员翟志刚回忆说。白天，课程排得满满的。晚上要完成作业，预习第二天的课程。航天员不能上街，有的就托妻子到书店买资料；有的不惜打长途电话向外地大学任教的亲朋好友求教，一个月电话费就花费了几千元……正是靠着这种艰苦的努力，最初文化水平参差不齐的航天员，全部以良好以上的成绩完成了基础理论学习。这种学习上的紧迫感和自觉“加码”的精神，对在信息时代想完成超越的青年一代，无疑是很好的榜样。

只有真正把谋打仗、练打仗、服务打仗作为主业、专业和事业，才能练就适应现代战争要求的过硬本领。全军学习成才标兵刘宝生作为课题组组长领受了上级下达的一项科研课题。经过下部队调研，他感到课题的技术指标不能完全起到定位导航的作用，也不能满足部队的实战需要，他反复考虑，把这个仪器，拓展成比较完善的机载定位导航设备，不是更有利于战斗力的提高吗？有些同志对他的做法不够理解，这样一改，难度和风险太大，如果不改，费不了多大劲就可以研制完成，还有可能获奖，何必自找苦吃？

刘宝生坚定地回答：“我们搞科研必须着眼于满足部队的实战需要！难度和风险再大也得这么干！搞出来的东西不实用，部队的战斗力提不上去，官兵不满意，即使获了奖又有什么用？”经过近两年的不懈奋战，终于研制出了比较完善先进的机载导航仪。经评审鉴定，它的研制成功，填补了国内机载导航装备的空白，使我国机载导航水平上了一个新台阶，达到国内最先进水平。该项成果荣获军队科技进步一等奖，对保障飞行安全，提高部队战斗力发挥了重要作用。

大家都在奔跑，都在进步。我们和对手比什么？就比学习的速度、研究的深度和训练的强度。国防大学兵棋专家张国春所从事的战争模拟专业，被称为“世界六大仿真难题之一”。西方发达国家大型兵棋系统，已经走过了近30年的发展历程。作为少数国家掌握的核心机密，对外进行严密封锁。某大国国防部部长访问中国，向我方明确提出不予交流的项目清单，第一项就是“Wargaming”，也就是兵棋。张国春读博士时，选择了作战体系效能评估这一前沿课题。张国春跟踪到美国兰德公司提出体系作战的思想这一信息后，兴奋地告诉同学：“美国人研究的，我们也在研究，而且不比他们差。”

不久，张国春就参加了军委某重大指挥训练模拟系统的攻关，并被委以兵棋模型系统研发重任。为攻克这一难题，打破西方发达国家的封锁，把现代战争真实地装进计算机，张国春以一种“命为志存”的人生理念，潜心钻研，刻苦攻关。他创造性地提出体系作战仿真的构想，为逼真模拟现代战争奠定了重要理论基础，他在多项关键技术上取得重大原创性突破，为研发兵棋系统提供了实现路径。他和同事们对现代战争的海量数据进行收集、分析和整理，构建了宏大的兵棋大数据，打造出中国人自己的大型兵棋系统，并在20余次重大演习中得到检验，获得20多项国家和军队科技进步奖。

写至此，读到在张国春事迹报告会上，介绍张国春的一个细节。他接受开颅手术后，在病床上一直念叨：“他们都去演习了，本来我也要去的。他们都去演习了，本来我也要去的……”在他的大脑中，已经将事业和职责深深地镌刻在上面，无论怎样都不会磨灭。

张国春留给我们的是他始终奔跑在打赢路上的奔跑者的矫健身影！

美军的一名将军说过，现在一个师的作战行动，要比第二次世界大战时一个军的作战行动还要复杂得多；一个营长需要掌握的知识，胜过过去的一个将军。

提高本领没有完成时，常怀恐慌才能一直向前。

现实告诉我们，信息化建设任重道远，虽然并非一蹴而就，但也绝不能以此为由怠战、惰战。未来警示我们，敌人在不断地强大、不断地变化，只有全面精确地掌握高技术、突破常规思维，敢于磨剑、勤于磨剑、善于磨剑，才能使枪杆子真正硬起来。

青年战友们，面对信息化时代的本领恐慌，你该做出怎样的回答？！

2 脑子里不想打仗，哪有对本事的渴求

有一首歌唱得好："有一个道理不用讲，战士就该上战场。"如果有人问：军人主要干什么？回答：一是打仗，二是准备打仗。但当前部队中还存在很多与军人身份、军队职能不相适应的地方。不少官兵参军为的是找出路、谋生计，缺少报国为民的坚实思想基础。毛泽东在中国人民共和国成立前夕曾指出："人民解放军永远是一个战斗队……对于这一点不能有任何的误解和动摇。"军人的岗位是光荣的，军人的称号是神圣的。自从我们穿上军装那一刻起，就要随时准备打仗，这与工人做工、农民种地一样，是天职。能打仗、打胜仗，是一个军人神圣的职责，也是我们从军的最高价值追求和唯一标准。

《辞海》注释：军人，有军籍的人，服兵役的人。在俄罗斯人眼里，"军人是排在上帝前面的人"。在美国人眼里，美国兵"不仅是最杰出的军人，也是品格最纯洁的人"。在我国，军人还有一些表示责任的称呼，如"祖国卫士""人民子弟兵""和平使者""最可爱的人"，等等。有人经常问，军人为什么会得到社

会尊崇？那是因为军人是祖国和平的守卫者和建设者。祖国的尊严、人民的幸福，与军人职业贴的最近。《内务条令》中明确规定，我军的任务是：巩固国防，抵抗侵略，保卫祖国，保卫人民的和平劳动。参加国家建设事业。在新时代的使命任务是，坚决维护中国共产党的领导和中国特色社会主义制度，坚决维护国家主权、安全、发展利益，坚决维护国家发展的重要战略机遇期，坚决维护地区与世界和平，为实现“两个一百年”奋斗目标，实现中华民族伟大复兴的中国梦提供战略支撑。

军人是人类社会最早专业化的职业角色之一，也是历史上最为国家和大众重视的职业之一。在军人这个古老的职业角色中，凝聚着我们祖先长期的探索与思考。只要阶级、国家还存在，社会就需要军队，需要军人。这决定了军人职业不是谋生的职业，而是要求军人比常人更多地考虑国家的安危，更多地关心国家大事，更多地注视世界各国的军事动态。“位卑未敢忘忧国”“匈奴不灭，何以家为”“先天下之忧而忧，后天下之乐而乐”……这些千古名句映衬出一代代军人的责任和担当。国防大学教授金一南有句话：有些人是为军事而生活，有些人靠军事而生活，前者是真正的军人，后者不过是军队的“食客”。选择了当一名军人，不是选择了职业或饭碗，而是选择了使命和担当，是一生的荣光。

唐代诗人杜甫笔下描绘了一幅壮美的军旅人生图：“风尘三尺剑，社稷一戎衣。”社稷即国家，一身戎装系着国家的安危，军人的职责庄严而神圣。

“祖国如有难，汝应作前锋”“感时思报国，拔剑起蒿莱”。东晋名将祖逖少年有志，闻鸡起舞，苦练武功，成为后世军人的楷模。北方匈奴犯境，祖逖挺身上书，自愿报效祖国，统率大军北渡长江，进发中原，收复黄河以南广大地区，为国立功，成为一代名将。其实，祖逖早就为报效国家进行着努力。他平时白天操劳公务，夜晚伏案读书，清晨闻鸡起舞，不论酷暑炎夏，还是冰雪寒冬，持之以恒，从不间断。功夫不负有心人，经过长期苦练，他意志坚强，武艺娴熟，成为一名精通技艺，善用韬略的将才。在国家需要的时候挺身而出，建功立业。

向北望星提剑立，一生长为国家忧。著名爱国将领蔡锷起初在日本留学时，以商业为学习目标。后来，他随唐才常等人回国，准备在武汉发动武装起义。失败后，蔡锷又被迫逃往日本。这段经历使蔡锷认识到，救国救民的社会需要，要求有志者研究军事、改革军事。于是，他立志“流血救民”。经多方努力，他自费进入日本陆军成城学校学习，继入陆军士官学校，在军事上获得很高的造诣，连日本人都钦佩他。蔡锷与同学蒋方震、张孝准被称为“东亚三杰”。在推翻袁世凯封建独裁统治斗争中立了大功。

火箭军“巡航导弹第一旅”发射营长罗寅生硕士研究生毕业时，坚持“哪个岗位离打仗最近，我就去哪里”；北京大学光华管理学院大学生高明，舍弃唾手可得的高薪工作，毅然参军入伍，成为中华人民共和国成立以来北京大学第一个在校参军的大学生士兵。从首都北京来到西南边陲，他一头扎进某基地，当了一名导弹兵，一时引发社会热议。为入党？他在大二已经入党；为提干？他想的是尽完义务继续学业。家人劝阻，他短信回复：“男儿意气，无关富贵。”他说：“当兵就是尽义务，没那么多为什么。”他们用实际行动诠释了“金戈铁马书生梦，矢志不渝报国心”的时代风采。

军人具有独特的人生坐标。军队的职能与使命，要求军人形成特殊的职业观念与职业理想。克劳塞维茨曾在给友人的一封信中这样写道：“军人所从事的是普通百姓难以理解的职业，这种职业是其他任何一种职业都不能与之相提并论的神圣而辉煌的职业。”这种职业，是把义务作为人生主题的。当一个人把个体的命运和民族的命运联系起来时，以人类的幸福为己任，以历史长河的兴衰为背景，人生天地将会何其壮阔，短暂生命将因融入历史而永生。

“功名只应马上取，真是英雄一丈夫”。穿上军装，就应始终以须臾不懈怠的精神增强能力素质，以一刻不走神的作风干好练兵之事。

《解放军报》曾报道过这样一位“二次入伍”的大学生士兵的故事。“当兵就当能吃苦的兵，当兵就当能打仗的兵。”入伍第一天，某机步旅战士徐冠军就让大家刮目相看：“连长，哪个连队训练最苦，我就申请去哪个连队。”连长一愣，脱口而出——警侦连。

徒手攀登、克服火障、穿越泥潭、负重冲刺……初见徐冠军，是在极限体能比武场上，矫健的身手和顽强的作风让人很难相信这个把第一收入囊中的竟是一个入伍才半年的列兵。

“别看他是个列兵，我可把他当老兵用。”连长汪杰伸出右手的食指和中指，报出了徐冠军的“特殊身份”——二次入伍。

大学四年，两次入伍，徐冠军的经历可谓“传奇”。“是一堂课改变了我！”提起第一次入伍，徐冠军记忆犹新，那是一堂“中国近现代史纲要”，革命先辈浴血奋战的场面深深触动了他的心灵，“我要当兵学本事”。

入伍后的徐冠军一下子就爱上了这个让人热血沸腾的地方，当别人还在适应阶段时，体育科班出身的徐冠军已经厚积薄发，获得不少奖项：100 米、400 米、五公里越野、基础战术动作……均“名副其实”，响当当的！

产生再次入伍的念头，源于一次抓小偷的经历。那天去球馆，徐冠军远远听到一阵呼救声，是一名保安在抓小偷。见此情景，徐冠军把书包一扔，箭一般冲上去，三下五除二就把小偷制服了。保安一脸崇拜地询问他的名字，一旁的同学心直口快：“他呀，以前当过兵！”

“难怪身手这么好！”听到保安这话，徐冠军心里美滋滋的，“比运动会上得了冠军还要开心”。回去后，他直接来到征兵工作办公室，说出再次入伍的想法。

经常有人说，当兵两年时间太短，干不了什么事。那么，我们看一看，两年时间都能干些什么。中国工农红军两万五千里长征用时一年；我国第一枚导弹上天仅在苏联专家撤走后的第十七天……士兵徐冠军的“日程表”“档期”之满令人惊叹：1 月，队列示范；2 月，维稳处突演练；3 月，共同课目比武；4 月，极限体能考试；5 月，狙击手集训；6 月，单兵课题演示……

战士的生活，日常即战争，学习即战争，训练即战争。“这就是我想要的生活”。面对这样一份沉甸甸的工作日程表，徐冠军信心满怀：“二次入伍来之不易，我要珍惜每一个锻炼的机会，让每一次锻炼都达到增长本事的最大值！”

某团卫生员张玉随部队参加军区重大演习，被加强配属到步兵营卫生室。一天部队对蓝军某高地展开进攻，正当战斗打得难解难分之际，营长被蓝军狙击手“击中”，必须马上救治。可由于山路崎岖陡峭，加之装具和救护器材较重，等张玉赶到现场时，导调员直接宣布：因时间拖延过久，伤员已经“阵亡”！这件事让张玉悟出一个理：“后勤保障人员军事素质不过硬，部队一样可能吃败仗！”

从此，他一有空就跑到训练场跟步兵分队的战士一起摸爬滚打，自己还买了一套健身器材，每天不练到大汗淋漓不罢休。别人调侃他：“干着卫生员的事，操着战斗员的心。”张玉总是一脸严肃地反驳：“当兵要想打仗的事，卫生员就不上战场了？”

“心中时刻想着打仗，训练起来才有使不完的劲。”身为卫生员的张玉，身影却时常出现在军事比武场、军体运动会上。令人叹服的是，他的 3 个军功章里有 2 个是军事比武获得的，他还被集团军评为“何祥美式爱军精武标兵”。

文无第一，武无第二。世界上没有一支军队不把打赢作为自己追求的最高目标。某部红九连从 1964 年参加全军军事大比武夺得全军班“山地刺杀”第一名，到近期参加师建制连比武再夺金牌，近 50 年来，九连共参加团以上比武 502 次，夺得 423 块金牌。罗瑞卿大将曾称赞这个连队：“全军都把兵练得像你们一样，世界上什么鬼都不怕。”400 多块金牌把连队荣誉室映衬得异常辉煌，但摆在最显眼位置的却是一个带伤痕的第二名奖牌。

2002年年底，连队参加上级考核，因装甲专业射击有一个目标未中而屈居第二。点名时，连长汪盛光把“第二名”的奖牌狠狠地摔在了地上，一字一顿地说：“战场无亚军！第二，就意味着失败！”

“只要第一，不要第二”，这是每一名士兵的责任，也是军队战斗力的标准。

还有这样一位被战友们称为“拼命三郎”的兵——某团战士杨向东。他经常挂在嘴边的一句话是：“我听不得第二，见不得第二。”入伍前，杨向东在家打过猎，加上入伍后的刻苦训练，射击基础比较扎实，但他从不满足。为适应实战需要，他刻苦训练首发命中，练出了“摺枪瞄准”的硬功。对抗射击要通过40米的快速跃进区才能到达射击地域，一般人经过跃进，心跳气喘，很难迅速果断地击发。针对这个难点，杨向东反复苦练、摸索，寻求“动中求静”的规律，跑完百米立即取枪，利用呼吸瞬间的平缓心态，果断击发，取得很好效果。由于他严格要求，严格训练，成了有名的“神枪手”，被树为团里的训练标兵，在全军第五届运动会200米精度与速射结合项目中，凭借过硬的素质，20发子弹打出了170环的好成绩，获得了第一名。

打胜仗同每个士兵息息相关。只有兵强了，才能实现部队战斗力的整体跃升，把仗打赢。近年来，我军涌现出的一批批践行强军目标标兵、爱军精武标兵，无一不以其精良的信息技术、全面的战斗技能、过硬的综合素质，出现在信息化战场的舞台上，展示了新一代共和国将士的传奇风采。

某旅技术营一级军士长王忠心始终把精武强能当成责任和习惯，一门心思练武艺，每次训练和操作，都会怀着对导弹、对号位的庄严感神圣感，刻苦学、反复练、认真查，绝不让差错发生，绝不让失误出现。在他从事导弹测控26年的服役生涯中，先后执行重大任务25次、实装操作1270多次，从未下错一个口令、做错一个动作、连错一根电缆、报错一个参数、记错一个数据、损坏一件仪器、摁错一个按钮，始终保持箭在弦上、引而待发的战斗状态，时刻等待来自战场的召唤，被官兵称为“操作王”“排故王”“示教王”。他先后被评为“十大优秀士官”、全军爱军精武标兵。

王忠心说：“我做的都是自己应该做的工作，尽的全是自己应该尽的职责，我参军入伍的初衷就是对得起这身军装，我最大的理想就是当个能打胜仗的兵！”

我们每一名军人都应当扪心自问：假如战争明天打响，是否能当一名合格的战斗员？

梁启超在《最苦与最乐》的文章里写道：“我说人生最苦的事，莫苦于身上背着一种未了的责任；该做的事没有做完，便像是有几千斤重担压在肩头，再苦是没有的了。”对军人而言，能打仗、打胜仗就是最大的责任，强素质、长本事就是最大的渴求。

3 追星就追精武星

同社会上的各种“粉丝”一样，许多青年官兵也喜欢追歌星、球星、影星。如同青春期脸上长不完的小痘痘，他们心里也有不断冒出来的崇拜者、“小星星”，案头上摆着偶像的箴言，手机屏上闪动着明星靓影。年轻官兵应该追什么样的“星”？追随什么样的榜样，就会往哪里用力、在哪里出彩、长什么样的本事，甚至成为什么样的人！

40年前，一个后来在中国当代历史上留下光辉声誉的小个子青年，在辽宁海城上午做了一场报告，下午他和郅顺义老英雄见了面。老英雄抚摸着他的头，紧紧地握着他的手，亲切地问他多大年纪，什么时候入伍的？同时还给他倒了一杯茶。当时，他的心像抱着一只小兔子一样，怦怦直跳，有一肚子话却不知应该怎样说才好。听说老英雄是董存瑞的亲密战友，他的心压不住似的要往外蹦，他万分敬佩和羡慕地让郅顺义给他讲董存瑞的英雄故事。

郅顺义说：“董存瑞是六班的班长，我是七班的班长。在1948年5月25日打隆化县的时候，董存瑞在爆破组，我在突击

组，我们的任务是要去炸掉敌人的四个碉堡和五个地堡。我们两个组牺牲了六个人，每组只剩下两个人了，董存瑞对我说：‘就是剩下一个人也要坚持战斗，不完成任务不回队！’在炸最后一个碉堡的时候，董存瑞用手举着炸药包，炸掉了敌人的碉堡，完成了战斗任务，我敬爱的革命战友董存瑞就这样英勇地为党的事业而光荣地牺牲了。”

1961 年 2 月 3 日，他在日记中写道：董存瑞和郅顺义两位英雄的事迹，深深地教育了我，给了我莫大的鼓舞和无穷的力量，我一定要时刻用这些英雄的事迹来鞭策自己，永远忠于党，忠于人民。

他就是雷锋。

雷锋有许多优秀品质，正是在学习与模仿英雄模范人物过程中进行人格再塑而形成的。

榜样的力量是无穷的。像雷锋那样不断“见先进就学”，你也可以不断走向先进；像雷锋那样汲取身边人的优点长处，你也可以不断收获新的惊喜。

一本从军营带回的 1973 年出版的《雷锋的故事》，深深地影响了退伍战士郭明义的一生。他学雷锋做好事矢志不渝地坚持了 30 多年。30 年来，雷锋怎么做，他就怎么做；当年在部队里为他引路的人怎么做，他就怎么做——他每天提前两小时上班，15 年风雨无阻；为失学儿童、受灾群众捐款 12 万元，16 年从未间断；55 次无偿献血，挽救了数十人的生命。郭明义说：“那是因为我心里始终装着雷锋。”

“新时期英雄战士”李向群是继雷锋之后我军涌现出的又一

个具有鲜明时代特征的先进典型。他从小就崇拜军人，在一篇关于理想的作文里他写道：我敬佩解放军叔叔勇敢、顽强的作风，我的理想是当一名解放军战士去保卫祖国，当祖国和人民需要我的时候，我会尽心尽责，在紧急关头，我将不惜自己的一切，甘愿献出自己的生命。年仅 20 岁的他，入伍仅 20 个月，在抗洪大堤上加入中国共产党，党龄只有 8 天，带病坚持抢险，先后 4 次晕倒在大堤上，终因劳累过度，抢救无效而壮烈牺牲，像他儿时心目中的英雄一样，用生命谱写了壮丽的人生篇章。

英雄崇尚英雄，模范追随模范。从无数先进典型成长进步的经历中我们可以看到，他们大都得益于偶像的激励和引领。

每个人心中都有自己的偶像，偶像是精神的寄托，是意志的向往，有了这个寄托，有了这种向往，就能激发内心强大的力量。偶像能让你在迷茫的时候认准目标，能让你在黑暗的时候看到光明，能让你在挫折的时候选择坚持，走出人生的沼泽地，向着理想的终点前进。

孔子说，见贤而思齐。一切对国家、民族和社会发展作出贡献的人，一切对青年官兵成长、进步有益处的人，都可以作为我们追求的偶像。

军人的偶像有其特殊性。谈论军人的偶像必然绕不开在战争和军事活动中出现的英雄。

习主席在全军政治工作会议中指出：要适应强军目标要求，把握新形势下铸魂育人的特点和规律，着力培养有灵魂、有本事、有血性、有品德的新一代革命军人。

这既给我们成为什么样的人树起了样子，也给我们学什么样的人树立了标杆。

中华民族历史的天空，群星璀璨。让我们数一数历史天空中那些闪亮的军人之星：他们有的以博大精深的军事理论享誉世界，像春秋时期的孙武、司马穰苴；有的以运筹帷幄、决胜千里而美名流传，像战国时期的孙膑、汉初的张良、三国时的诸葛亮；有的以能征善战著称于世，像“韩信将兵，多多益善”的韩信、投笔从戎的班超；还有精忠报国的岳飞、令倭寇闻风丧胆的戚继光、收复台湾的郑成功；等等。他们叱咤风云的英雄形象，大义凛然的民族气节，不可磨灭的历史功绩，千百年来在人民群众中流传。

还有创建新型人民军队，开创了中国特色革命道路的毛泽东、周恩来、朱德等一代伟人；率领各路大军南征北战，为中华民族的独立、解放和建立中华人民共和国立下了赫赫战功的彭德怀、刘伯承、陈毅、罗荣桓等开国元勋；在建设和改革时期为国防和军队现代化建设殚精竭虑、呕心沥血，作出过突出贡献的将军们。

还有这些年来，中央军委先后批准在全军连以上单位悬挂画像的10位英模人物。他们是全心全意为人民服务的典范张思德，为建立中华人民共和国而英勇捐躯的董存瑞，赴汤蹈火、无所畏惧的黄继光，视纪律重于生命的邱少云，伟大的共产主义战士雷锋，献身国防现代化建设的苏宁，新时期英雄战士李向群，忠诚履行使命的模范指挥员杨业功，献身国防科技事业的杰出科学家林俊德和逐梦海天的强军先锋张超，他们是我军在各个历史时期涌现出的千千万万英模人物的杰出代表。

还有近年来全军宣扬表彰的戴明盟、曾昇铨、蒋佳冀、贾元友、王忠心、覃文强、刘珪……一个个标兵闪光的名字，令人敬慕，催人奋进。

法国思想家罗曼·罗兰说："只有那些人格高尚、精神上独立不移的人才是真正的英雄"。他们是民族的脊梁、是时代的先锋、是祖国的骄傲。

他们虽然生活在不同的时代，但是共同的理想信念，共同的人生追求，都体现出中华民族自强不息的精神，体现出中华民族的传统美德，体现出共产党人的高尚情操和革命军人的优秀品格。他们是我们全民族、全社会的偶像，更应该是我们新时代军人心中最闪亮的星。

我们每一个积极进取、奋发向上的军人，都应该把这些伟人、英模人物和身边的典型作为心目中的"明星"。"追星"就要追这样的"星"，做人就要做这样的人。

"榜样是看得见的哲理。"在"追星"的征途中，也许有一天你会突然发现，你也能成为那灿烂星群中的一颗。

列兵王龙飞讲述自己"追星"的故事，有点"传奇"。

他读大学时，曾看到一篇《成为神枪手的汽车兵——王庆晓》的报道，虽然篇幅不长，印象却很深刻，从那时起，他也做起了"枪王"梦。

后来，他义无反顾投身到绿色军营。"全军狙击手冠军给你拎包，你小子很牛啊！”报到那天，班长的一句话，惊得王龙飞目瞪口呆，原来帮着拎行李的就是成为“枪王”的汽车兵。

“枪王是我排长！”很令王龙飞心里美了一阵子。但“理想很丰满，现实很骨感”。穿上军装，本以为就会像电视中的特种兵那样，雄赳赳气昂昂身处战火纷飞的演习场。然而，现实中，却是每天都在进行枯燥乏味的队列训练，这让他心理上产生很大的落差，细心的王排长似乎看透了小王的想法，晚上，排长单独把他带到训练场。

“想练枪？”排长问。

王龙飞点点头兴奋地说：“您是我的偶像，我也想和您一样当‘枪王’！”

……

故事并没有结束。有了一个好的开始，虽然并不一定有一个完美的结局，但心中有颗“精武星”，身边有“星”伴，再加上脚踏实地，一样会像王排长讲述自己“不想当枪王的汽车兵不是好司机”的故事一样，踏上一名精英侦察兵的“星途”。

有一首歌，用稚嫩的童声唱道：“你是一颗星，我是一颗星，我们手拉手在星空，你是一颗星，我是一颗星，我们闪闪发光照天穹……”

某旅二营一连班长龚拥政说，我愿跟着连长上战场。他的连长是全军爱军精武标兵“精武星”刘珪。

在连长刘珪眼里，每个战士都是最棒的。他在连队实施“专家计划”，根据每个人的兴趣爱好、性格特点、素质基础等，量身制定“训练套餐”，除完成必训课目外，人人都朝一个特定目标专攻精练。上等兵谢二被训练为“格斗专家”，班长童楚雄被培养为“武器专家”，战士林恺被打造成“卫勤专家”。

战士们个个成为“精武星”。连队成为所在部队第一个“全优连”。

现在，刘珪已经升任营长，他最大的梦想就是“把集体带好”，“让大家的军事技能逐步提高，让每一名官兵都能成为一把尖刀”。

以“不相信有完成不了的任务，不相信有克服不了的困难，不相信有战胜不了的敌人”“三不相信”精神闻名全军的“杨根思连”，参演八一电影制片厂和湖南卫视联合推出的大型军事宣传类题材明星真人秀节目《真正男子汉》，“配合演出”的班长王金武等几位战士集体走红，成为亿万人心目中闪闪发光的“精武星”，盖过了参演的张丰毅、王宝强等影视明星的光环。王金武被亿万网友盛赞为“中国好战士”，成为最煽情的征兵广告和无数青年的成长偶像及价值坐标。甚至有媒体预测，这档节目至少会为部队“输送一个师的兵力”。

大学生士兵易露露说：“我来军营为了什么？我的理想又是什么？扪心自问，心中有了答案——我要成为响当当的男子汉，争当一名能打仗、打胜仗的尖兵。”这也是每一位新时代军人的铮铮誓言。一颗星、一颗星，群星互相映照着，映照着我们军人的样子，映照着我们强军的梦想！

青年战友们，仰望苍穹的你，是否也在群星闪耀的星空中，找到了你心中最闪亮的那一颗？！

4 无论当兵干什么，精武强能不松弦

在与战士们座谈时，常听一些战士“抱怨”：当一名炊事员和打胜仗有啥关系？当一名炮手能学啥本事？成天站岗放哨能有多大出息？也有一些战士面对平凡的工作岗位，始终为学不到真本事、施展不出个人才能而“郁闷”。其实，岗位有分工，打仗无差别。无论你是一名炊事员，还是炮手；无论你是一名驾驶员，还是侦察员；无论你是一名修理工，还是卫生员……终究都是一名战斗员，对于我军战斗力生成链条来说，都是不可或缺的一环，只有每一名战斗员的技能过硬，才能铸就军队战斗力链条的坚固。

岗位就是战位，岗位就是阵地

鲁迅曾说过：“巨大的建筑，总是一木一石叠起来的，我们何妨做这一木一石呢？”军队是一个战斗集体，是由千千万万个“一块砖”组成的钢铁长城。士兵就是长城上的一块块砖，你可以不在意，却须臾离不开。比如，军队内部的诸多岗位，都是着眼部队战斗力而设置的，既需要有人干炮手、驾驶员、卫生员，还需要有人干炊事员、警卫员，等等。

就部队这个整体来说，工作分工虽然有所不同，所处的岗位有主次之分，但绝没有轻重贵贱之别。试想，如果只有坦克兵、汽车兵，没有步兵配合，能打胜仗吗？一个连队只有侦察员、导弹操作手，没有炊事员、卫生员、饲养员、修理工，能成为一个强有力的战斗集体吗？

邓小平同志在1989年回忆“二野”的历史时，对其中一个“炊事员的故事”记忆深刻。解放战争中，刘邓大军按照党中央意图直出大别山，跃进到敌人后方去。那时搞无后方作战，困难可想而知。“部队一过淮河，好多人拉肚子”，迟滞了前行的步伐……由于军队使命的特殊性，小小的饮食安全问题可能影响战争的进程与部队的士气，严重的饮食安全事故则可能左右战争的胜负。谁能说看似不起眼的炊事员岗位和能打仗、打胜仗无关系呢？

在南海名为担杆山的小岛上，有一个海军观通站。这样的小岛像一颗颗星星一样嵌在祖国的海防线上，像一朵朵浪花一样，稍不留意，就消失在大海里。哨所虽小，却是祖国海防线上的眼睛。十几个战士警惕地保卫着祖国的尊严，尽管这些战士深知，统帅部的地图上不一定有担杆岛的标记，几百万大军并不缺少这十几个兵的位置，但他们都明白自己的责任。一个漆黑的深夜，雷达兵突然发现成群的回波中，有一颗别针头大的黄点在移动，“海情！”他大声喊道：“距离116，方位150。”

坐在海图桌旁边的战士立即用平行尺比量，把目标的方位距离标在海图上。只见目标所走的航线越伸越长，已经进入我国领海线，接着，在附近的海域又发现了几个黄点，一个、两个、三个……根据它的特征，可以断定是某国的扫雷舰。电波迅即飞过茫茫大海，越过万重山峰，把外国军舰入侵的消息及时报告给领导机关。

像这样的事情，不知发生过多少回，最近的一次，两艘外国军舰和另外一艘商船并排行驶，进入了我国领海。海军上士小宋发出信号询问："你是哪国的船只？"外国军舰不得不老实回答，小宋立即以灯光信号向入侵者发出义正词严的警告："这是中华人民共和国的领海，你必须立即离开！"终于，外国军舰乖乖地溜走了。

像这样边海防守岛兵的故事有很多很多，像这样处置突发敌情的情况随时都在发生……哨兵的岗位小吗？哨兵肩上的担子轻吗？回答是不言而喻的。

"先立乎其大者，则其小者不能夺也。"每名战士都是部队战斗力体系上的一个节点，每个岗位都是战斗力生成链条上不可或缺的"零部件"，都和战斗力息息相关。雷锋在日记中是这样写的："一个人的作用，对于革命事业来说，就如一架机器上的一颗螺丝钉。机器由于有许许多多的螺丝钉的连接和固定，才成了一个坚实的整体，才能够运转自如，发挥它巨大的工作能力，螺丝钉虽小，其作用不可估量。"打赢的事业，都是从每一个岗位，每一项工作开始的。

年轻人大都有干一番大事的雄心壮志，可能有的同志会说："我也知道自己岗位不可缺、责任不可少，但是岗位实在太小了，太平凡了，甚至引不起人们的注意，更不足以实现自己的人生价值，我还是宁愿做那个大齿轮，担起更大的责任。”其实哪有那么多大事让你干，就是发射导弹这么惊天动地的大事，摊到每个岗位、每个人身上，也就是你接个电缆、他插个插头、我摁个按钮的小事。岗位虽然平凡，但是责任非常重大。俗话说：“简单的事情重复做就是专家，简单的岗位努力做才能成为赢家。”

我还记得电视连续剧《士兵突击》里，那个执着的士兵许三多，做每件事情之前总喜欢问：“这有什么意义？”这个看似傻乎乎的问题，正是我们都要认真思考的问题。我们从军是为了什么？我们做的每一件事又是为了什么？全军学习成才标兵俞少行，把他 14 年的军旅过程总结了一个形态，叫勺子。为什么这么说呢，因为饭勺底下盛汤的地方，是一个低谷；用手握的地方是一个把儿，但它是一个缓慢爬升的过程。俞少行入伍之后的第一年被分到了地处偏远的连队，每天的任务就是带着十几个人去工号里面上班，然后又下班。相对来说，从一个地方大学的校园里面来到大山沟，工作上比较单调，生活上也比较清贫、非常枯燥。那时他经常一个人坐在营区的围墙脚下，看着大凉山的天空，他也有了和许三多一样为了什么的思考。他总是幻想自己能变成一只小鸟，能飞出茫茫的大凉山。就这样经过了一年多的时间，回过头一想，自己好像是一张白纸，却没有在纸上画下些什么。痛定思痛之后他才感悟到，与其浑浑噩噩过日子，还不如认认真真做点事，所以从那时开始，他的思想上有了 180 度的转弯。他由衷地说，每个人必须尊重自己的岗位。社会或部队上的岗位非常多，但从没有一个岗位说是为某一个人量身订做的。每一个人不管从事哪一项工作、不管坚守在哪一个岗位，都要做一块磨刀的石、一把打铁的锤、一支引而待发的箭！针尖大的舞台，也能跳出世界级的舞蹈。

在一本书里，我读到这样一段话："我一直坚持的一个信念是，改变不了大环境，就改变小环境，做自己力所能及的事情。你不能决定太阳几点升起，但可以决定自己几点起床。"

部队有句话说，干着干着就明白了，想着想着就释然了。像许三多就是在干中、想中，终于在比武场上找到了军人的真正意义。

当所处的工作岗位与个人的志向、兴趣不一致时，应当在本职岗位上努力培养兴趣，扎扎实实做好工作，这样更有利于在不同的工作岗位上锻炼提高自己。

上等兵王文因个人爱好选择岗位的故事，颇给人启发。

王文从小喜欢音乐，他一直有个"绿军装"的梦：成为一名军旅音乐家。新兵下连时，得知旅里将组建文艺巡演队，他第一时间找到连领导报名，还通过首长信箱给旅领导写了一封主题为"在军营追求音乐梦"的自荐信，他在信中直言："写了一些歌曲希望能有一个平台展示，希望组织可以考虑。"看到王文的信，旅领导在回信中为他的自信和勇气点了"赞"。得知他个别课目训练成绩还挂"红灯"时，这位领导鼓励他："不是能进巡演队你才写歌，更不是非要进巡演队你才写得出歌，火热的训练场，多彩的连队生活才是你创作的源泉。"

收到回信，王文如醍醐灌顶："这次经历让我懂得，这本事那本事，打得赢才是最大的本事，作为军人，只有先把武艺练精，才有实现自己理想的资本。”王文及时调整思路，他一有时间就铆在训练场，遇到问题就请教身边的训练尖子。一年下来，迷彩鞋磨坏了 2 双，学习的专业知识笔记记满了 3 个本子，王文成了比武场上摘金夺银的训练尖子。武艺练得精，特长更出彩。他在训练场上摸爬滚打的同时，收获了更多的创作灵感。他编排的小品《我的音乐梦》参加了旅文艺汇演，主角当然是王文。

王文的故事启发我们：换个思路，搞好结合，也许会别有一番意想不到的收获！

还有一个叫邓国林的老兵，刚入伍的时候本来想当修理工，却因为工作需要当了一名普通的侦察兵。很长一段时间，他都想不开，工作变得消极起来，想在部队混完两年，赶紧退伍回家。指导员找他谈话，当时就问他：“你来部队是干啥的？如果单单想学技术，花几千块钱在地方上个培训班得了，何必来部队‘吃苦受累’混日子？”指导员的话说得他脸上火辣辣的，他渐渐认识到：学技术的机会很多，当兵的机会却只有一次！他积极调整心态，把目标牢牢锁定在立足本职岗位精武建功上，连续 3 年在旅里组织的单兵专业比武竞赛中取得侦察兵第一名的好成绩，当兵 8 年就实现了初中到本科的学历跃升，还总结出了“知兵育兵十法”，被表彰为“优秀共产党员”，获得了“全军士官优秀人才奖”。用他自己的话说就是：“立足岗位，深学细研，小兵也能有大作为。”

在一次全军学习成才标兵巡回报告会上，一名战士这样问顾京涛：“作为一名优秀军人，你在入伍后对待工作岗位的选择上是不是跟我们一样，曾经有过迷茫？如果有，你是怎么解决的？”

顾京涛做了如下回答：我和大家一样，是从一名新兵一步一步走来的，也曾经迷茫过，没有方向感。面对困惑和迷茫，我问了自己 3 个问题：一是当兵为什么？这个问题可能每个人的回答都不一样，有人说：“当兵就是为了学技术、考军校。”还有人说：“当兵为了尽义务，也是为了锻炼一下自己。”当兵各有各的打算，有大一些的理想也有小一些的目标，归根结底，这些意愿就是自己当兵为什么。既来之则安之，何不好好把握军旅时光，在迷彩方阵中有所作为？二是目标是什么？目标就是灯塔，它照亮你前进的方向。目标就是阳光，它给你前进的希望。我们要制订一个学习计划，尤其要善于把遥不可及的目标变成每天、每周、每月的实施计划，再给一个个小目标明确一个时间节点，以鞭策自己努力。比如，要想体能考试合格，这个目标的实现就来自日复一日的训练计划，每天跑一个五公里、做 100 个俯卧撑、100 个仰卧起坐等。计划来自目标，目标连着梦想。只要主动给自己设置目标、制订计划，无论再大的梦想都能变成现实。三是我能做什么？任何梦想都必须建立在客观现实基础之上。许三多只是一名普通战士，客观上他既不能像李嘉诚那样为社会创造巨大财富，也不能像杨利伟那样成为中国进入太空第一人。但是他们都在自己普通的岗位上发热发光，实现了自己的崇高理想，受到大家的尊重和崇敬。因此，只有当个人的梦想与本职岗位融为一体时，梦想才是实实在在坚实可靠的。如果脱离岗位实际，硬去追求那些超越自己能力范围的东西，恐怕只能是徒劳一场、碰壁受挫。搞清楚了这三个问题，也就找到了自己的目标，就把准了自己前进的方向。

下士侯赛曾经认为“如果仅仅当一名轮机兵，这一辈子就算完了，没指望了。”……听完全军学习成才标兵巡回报告后，“只要你是主角，再小的平台也是最大的舞台”这句肺腑之言，就像专门为侯赛量身订做的，他忽然觉得：虽然和标兵没法比，但自己还年轻，未来的路还很长，相信自己的岗位也一样会有大作为！

一位表演艺术大师曾经说过：舞台上只有小人物，没有小角色。在实现中国梦强军梦的伟大实践中，我们都是小人物，但决不是小角色。想想在边海防线上巡逻的无名哨兵，想想俞少行站长、顾京涛排长，还有轮机兵侯赛，还有那个在训练场上找到自己位置的战士小文……他们都是小人物，所处的岗位也不大，但他们正用自己的实际行动，诠释着坚守的意义，演绎着打赢的故事，默默地发光、发热。

长本事要“事本”，“本”就在脚下

有一本书，叫《牧羊少年奇幻之旅》，作者是巴西人保罗·柯艾略。作品讲述了这样一个故事：一个牧羊少年在西班牙草原一座教堂的一棵桑树下连续做了两个相同的梦，他依梦境所示，从西班牙草原出发，走过森林，越过大海，九死一生，最后来到了非洲大沙漠，但却没有如梦中所见在金字塔下挖到财宝。这时，来了两个坏蛋，看到少年在挖坑，大声嘲笑说：“你是我在这个世界上见到的最愚蠢的孩子。几年前，就在你挖坑的地方，我也连续做过两个相同的梦，梦见从你挖坑的地方出发，我越过大海，穿过森林，来到了西班牙草原，在一座教堂的一棵桑树下，发现了一大堆财宝，但我还没有愚蠢到会去相信两个梦。”说完，扬长而去。孩子听完，重返他的西班牙草原，在他出发的地方，也就是那座教堂的那棵桑树下，发现了一大堆财宝。

这是一个具有寓言性的故事，告诉我们一个道理，财富不在远方，就在我们自己的脚下，就像那个孩子，通过九死一生的寻找，找到了珍宝。作为革命军人，只有立足本职，才能练就适应岗位的真本事和硬功夫。通信兵的本领是保持通信畅通；炮兵的本领是精确打击；炊事员的本领是饭香菜美；驾驶员的本领是安全驾驶；保管员的本领是一摸准、一口清……在平凡的岗位上奋斗，就像一次又一次的五公里越野，一次一次地磨炼，一次一次地超越自我，突破极限，日积月累，才能把外行干成内行，把本事练到极致，找到克敌制胜的“金钥匙”。

猛将起于卒伍，英雄不问出处。古今中外许多有大成就者，多是从小岗位做起，从简单的事情干起，靠自己不懈的努力走向成功的。如汉朝“飞将军”李广原是弓箭手，三国名将关羽做过弓弩手，赵云只是个骑兵，许褚当过马夫，唐朝开国大将秦琼开始只是隋朝将领的一个亲兵……他们之所以成为名垂青史的战将，就是他们立足本职岗位，首先把小事做出色，然后一步一步干大事，不一样的成长路径，一样的精彩人生。作为 20 世纪 60 年代的大学生，赵煦院士曾扎根边陲半个多世纪，从烧锅炉做起，不断学习钻研，逐渐成长为我国无人靶机领域的权威专家，主导研制了我国第一架无人靶机，被誉为中国“无人靶机之父”。国防大学金一南教授曾多次更换岗位，但岗岗叫得响，样样都过硬。赢得了“干什么像什么，干什么成什么”的赞誉。当年上山下乡后回城当锅炉工时，有人称他为“天生干锅炉工的料”。参军后，他在基层连队干了 11 年，因技术出众被破格提拔为技师，有人说他是“天生干技师的料”。调入国防大学当图书管理员时，有人又称他为“天生干图书管理员的料”。46 岁，他开始从事国际战略研究与教学工作，最终成为我军研究战略问题的著名专家。在回顾自己的经历时，他感慨地说：“哪有那么多天生的？只是我每到一个岗位都力求做得更好，每换一个岗位都当作事业来干。”

成昆线上的养路工、老兵孟兴石则用一生的坚守，守护着浮漂隧道和被塌方掩埋的铁道兵一个排的战友。作为唯一的幸存者，他每天精心维护战友们用生命修建的隧道，在烈士墓前点上一支烟，和战友们说说话。一年一年，直到黑发变成白发，直到他也化为铁轨笔直地伸向远方……如今，每当列车驶过隧道都要鸣笛致敬，似老兵声声呼唤战友名字的声音，在群山之中、在天地之间久久回荡。心在哪里安放，哪里就会绽放出美丽的花朵。王继才夫妇坚守开山岛 32 年，在他们眼中，自己所站立的地方就是祖国，每一寸土地都“闪烁着异邦人所不能领略的美”，在“我站立的地方”撑起了一片天，在馒头大的小岛上，绽放出一朵爱岗敬业、无私奉献之花。

谁都想找到通往成功的路径，可是，到哪里去寻找它呢？

杰·马丁在《强棒出击》中说过："我们这一群人都在寻找那股能使生命充实完善的力量，但大部分人却没找到，其实那股力量就在眼前，就在脚下！"还有几位全军学习成才标兵立足岗位成才的故事，也许会对我们如何才能找到"成功的路径"有所启发。

有人说："做记者的，新闻发生时，哪怕来不及穿裤子，也要在第一时间赶到现场。"中央人民广播电台军事宣传中心记者王亮谈到，我时常想，这份"急迫"背后的动力又是什么呢？这个问题直到2008年5月14日在我的脑海中才有了清晰的答案。当时，由于交通、通信中断，震中映秀成了信息"孤岛"，我跟救援官兵乘冲锋舟沿岷江逆流而上挺进映秀。冲锋舟螺旋桨因被江面的漂浮物缠住，发动机突然熄火了，余震使岩石不断从峡谷两侧几百米高的山崖上崩落下来。我和另一名战士情急之下用手划桨，尽力让冲锋舟避开头顶飞落的乱石。失去动力的小舟在江面上打着转转。幸亏另一艘返航的冲锋舟途经此地，才将我们救出险境。因山体塌方堵塞了前方的河道，我和战士们弃舟徒步前行，身边是随时都会吞噬生命的泥石流，脚下是悬崖峭壁和湍急的岷江，头顶还不时有巨石飞落……下午1点，我们终于进入了灾情严重的映秀镇。1点47分，我通过随身携带的海事卫星电话连通中央台直播间，直播报道了震中映秀的灾情、部队展开救援以及数百名危重伤员急需转移的消息。这是全世界所有媒体中最早从震中发出的报道。抗震救灾指挥部听到报道后，决定再增派一百架次直升机，赶在天黑之前把所有已抢救出来的危重伤员全都转运出去。当看到一架架直升机穿越峡谷朝着映秀飞来的时候，我觉得挺进映秀这一路的艰辛和危险都是值得的！

王亮讲述的是对岗位的一份热爱。爱岗敬业，永远是岗位成才的最大动力。

某旅装备部高级工程师谭清泉入伍 40 多年来，一直在战略导弹部队工作，当过排长、连长、营长和旅装备部部长、副旅长，干一行，爱一行，专一行，尽好精武强能的本分，成为导弹专家。先后荣立二等功 2 次、三等功 6 次，被表彰为全军爱军精武标兵、全国优秀科技干部。

谈起自己的成才故事，谭清泉说："我与'国之重器'相守相伴大半辈子，我常想，只有练就砺剑、护剑的过硬本领，关键时刻顶得上去，才能不负党和人民的信任与重托。无论当普通操作号手还是当专家，在钻研专业技术上我始终没有松懈，一年四季专业书籍不离手，平均每年盯在洞库 200 多天，先后掌握导弹 5 大专业，主编教材 28 部，研发训练器材 80 多套，破解技术难题 200 多个，有效提升了部队快速反击能力。一次全军重大演训活动，上级要求发射时间精确到秒。临射前仪器仓突发特情，我来不及多想，只身钻进舱内不到 7 分钟就排除故障，保证了发射成功。共事多年的旅长讲：'老谭就是发射场上的定海神针！'"

"成功之路就在脚下"是永恒的法则、颠扑不破的真理！

某特战旅武装侦察连副连长吴志辉，是从一名大学生士兵成长起来的。当上等兵时立了一等功，入伍第 3 年被保送军校，任排长后再次荣立一等功。谈起自己立足岗位成才的故事，吴志辉说："从大学校园来到火热的军营，一个声音在内心激荡'特战旅，我来了’！”对特种兵训练，曾经预想过无数次，经历了才知道有多苦，但我始终咬牙坚持。入伍不到半年，穿烂了 2 双作战靴，磨破了 3 套训练服，跑的路程相当于从济南到北京 4 个来回。血水汗渍换来浴火新生，我终于熟练掌握搏击散打、多能射击、侦察报知等 21 项特战技能。

2009 年 7 月，我随队到斯洛伐克参加国际特种兵比武。同场竞技的都是美国“绿色贝雷帽”、英国“哥曼德”、以色列“野小子”等世界著名特种部队的精英，旁边一站大都比我们高半头，对我们很是不屑，有时还做些挑衅动作。我暗下决心，一定要让他们知道中国军人的厉害。比赛场设在山地丛林，选手必须负重 5 千克装具，24 小时内在 50 公里纵深完成比赛。第一场比的是崖壁攀登，要求 4 名队员分不同路线到达目标，我主动选择坡度最大、距离最长的路线。在我爬上钢索、越过软桥、翻下云梯后，脚下出现了一道 5 米高的断崖，为争取时间，我没有绕行，直接跳了下去，此后，我们一路拔点夺旗，获得 13 个项目中的 8 个第一，打破 6 项纪录。那些外军队员主动拥抱我们，半开玩笑地说：“希望别在战场上碰到你们！”

俗话说，吃得苦中苦，方有甜上甜。吴志辉成长的故事是对这句话最好的注脚。

围绕如何立足岗位强素质长本事，全军学习成才标兵们写下了他们的赠言和祝福。

王亮：学会与你的职业和岗位谈恋爱，让你的职业岗位因你而焕发光彩，使你在岗位上得到滋养。

谭清泉：干一行、爱一行、专一行，尽好精武强能的本分。

吴志辉：血水汗渍才能换来浴火新生。

华明：基层是成长的沃土，潜得越深飞得越高。

张华：要成长，唯有坚持。

曾昇铨：要想跳起来，必须先蹲下。

覃文强：身在好环境，更要干好事业。

宗道辉：苦熬不如苦干，苦干才知巧干。

黄知涛：经历了风雨，并不一定有彩虹，关键是你有经历。

岗位有大小，奋斗天地宽。在未来信息化战场上，每个岗位都是战位，都是能打仗打胜仗的平台。当我们每个人在自己的岗位上履职尽责地做好该做的一份，打胜仗的链条就多了一份坚固，军队的战斗力就会更加强大！每一个革命军人，只要在自己的岗位上努力工作，精通手中武器，练就过硬本领，就会创造出属于自己的辉煌。

5 战败的屈辱首先是军人的耻辱

“我经常看中国近代的一些史料，一看到落后挨打的悲惨情景就痛彻肺腑！”习主席这句话振聋发聩，足令每一位当代军人深思和警醒。国耻就是军耻，战败的屈辱首先是军队的耻辱，是每一个军人的耻辱。

1840年鸦片战争之后近百年间，外敌入侵，国家受辱，人民遭难，军人不能抵御外侮是多大的耻辱！“自从有了中国共产党，中国革命的面目就焕然一新了。”中国共产党领导人民军队进行抗日战争、解放战争、抗美援朝，我军雄赳赳气昂昂驱敌寇、打豺狼，人民扬眉吐气，军人无上荣光！

军事上的落后一旦形成
对国家安全的影响将是致命的

你也许到过圆明园遗址，踟蹰于园中，满眼尽是断桥、断垣，残碑、残柱，恍然中，像一双双泪眼，与你无语对视；像一个个被肢解的冤魂，让你牵衣顿足……虽已历经百年风霜遮蔽，虽有绿树红花掩映，但不经意中，总有哭诉声在你耳畔萦绕……

弹孔依稀，火光犹在。历史上赫然记着：1860年初秋，北京城西北郊四十里之圆明园被焚。

吴相湘《明清宫廷实纪》有“英人焚劫圆明园”一节：

庚申之役，英人竟将满清五世经营百余年之积蓄付诸无情之火，致使世界最大园庭顿成瓦砾场，不仅中国朝野引为奇耻大辱，即全球人士亦为之叹息焉。

你是否知道，这只是中华民族蒙受奇耻大辱的一个缩影！

你不禁要问：当时，中国的军队干什么去了？难道没有人阻挡他们吗？

借着圆明园那场玉石俱焚的大火，让我们看一看那些隐匿了的中国与外国的鬼影魅形，看看军队的实力，看看那些将帅、兵勇打仗的本事！

1840年，第一次鸦片战争期间，中国军队总人数约为88万人（八旗兵22万人，绿营兵66万人）。英国远征军总人数近2万人（陆军12000多人，海军不足8000人）。

清军名将杨芳率军到广东迎敌，竟把英军的尖船利炮当成妖物，用阴门阵对抗英国军舰，认为妇女污秽之物就可以抗敌。于是，一个个“马桶”被当成阻敌“利器”，被时人和后人嘲弄，留下千古笑柄。即使“中国近代睁眼看世界第一人”的林则徐，竟也以为英军“腿足裹缠，结束紧密，屈伸皆所不便”，哪怕“乡井平民，亦尽是以制其死命”。还有两则故事，足见时人的眼界和视野。光绪年间，有个御史在向朝廷推荐将领时，竟申请起用生于刘宋时期的檀道济，而其人距其时死了已一千多年。还有一个京堂大人见日本欺人太甚，边上书说：日本东北面有缅甸、交趾两国，日本畏之如虎，我朝可速派大使去联络缔约，然后与缅甸等国夹攻日本……此种见识眼光，一支军队焉能不败，一个国家的灭亡也只能进入倒计时了！

从这以后的百年间，世界上几乎所有的帝国主义国家，都把侵略之手伸向过中国，中国人凡与外国对阵，几乎每仗必败。

1857 年 11 月 9 日，英、法海陆军总司令发出照会，限两天内清军撤出广州九十里之外。作为统帅，两广总督叶名琛的本事是每遇军机大事，“不信苍生信鬼神”。在吕洞宾、李太白两位神仙面前扶乩而卜。僚属请调兵设防，叶氏不许；请召集团练，又不许。叶名琛胸有成竹地答曰：“汝姑待之，过十五日必无事矣！”卦语印证无误，因为第“十四日”广州失陷，“十五”确乎再也没有叶名琛的“事”了。

叶名琛以他的“不作为”儿戏国事，复以他的精神胜利招致国家耻辱。叶名琛本人被英人掳去，卒于禁所。粤人评叶名琛误国语：“不战不和不守，不死不降不走，相臣肝量，疆臣抱负，古之所无，今亦罕有。”此民间闲话，可为叶氏盖棺之论。

再看天津大沽口之战。1858 年 5 月 18 日，英、法专使与其海陆军司令决定攻占大沽，直进天津。5 月 20 日，英、法联军发出最后通牒，限两个小时内清军交出大沽口。清方拒绝。英、法联军遂出动炮艇 12 艘、登陆部队 1200 多人分别攻击大沽口南北四炮台。守炮台将士英勇还击，直隶总督谭廷襄等主要官员率先逃跑，军心动摇。此时的大沽口海防，四座炮台架炮百门，守兵九千，却极轻易地被英、法联军的一支轻装小部队吃掉。

入侵者额尔金这样评价中国的军事状况："只需二十四个铁了心的汉子，再带上左轮手枪和足够的子弹，就可以纵横中国，从一端打到另一端。"话虽夸张，亦见中国军队之弱。

大沽口海防相当于北京的门户，门户失守，京城危在旦夕。1860 年，英、法联军只有 25000 人，竟长驱直入我中华泱泱大国，巧取豪夺，横行霸道，杀人放火。1900 年，八国联军进攻北京，兵力不足两万。虽然京城一带清军不下十几万之众，义和团拳民更有五六十万之多，但凭借引魂旌、雷火扇、阴阳瓶等八宝什物，"信枪弹不伤之妄，遇有战事，竞头冲阵"，亦"自持其术，每出攻犹踊跃自效"，结果，很多拳民倒在马克沁机枪的枪口下，仍然无法阻止北京的陷落。

再看甲午战争。这一年甲午，战事连连，败战不断。先是"陆战"不堪一击，先败于朝鲜，后败于辽东。朝鲜原是中国的藩属。1894 年，朝鲜南部爆发东学党领导的农民起义，朝鲜国王请求清政府派兵协助镇压。日本蓄谋已久，一边鼓动中国出兵，一边为驱逐清朝在朝鲜的势力随即大量出兵。平壤战役，来攻日军 12000 人，守城清军 15000 人。清军储备有一个月粮食，日军只有两天的粮食。清军只需稍作坚守，日军便陷入困境。而四面守城，一面不利，叶志超便下达了弃城令。《日清战争实记》写道："支那大将身形高大、力气超群，貌似可指挥三军，然一旦开战就变弱虫一条，尚未听到枪声就已逃之夭夭，甚至披上妇女衣装，企图蒙混过关。”说的正是清朝陆军主将叶志超。

于是，以淮军为中坚的大军六天狂奔五百里，弃安州，弃定州……让清政府期望靠在此死战，呼应海上对日打击的算盘彻底落空。

叶志超临阵脱逃，斩监候、旋遇赦，死于狱。英雄变成懦夫，光荣变成耻辱。其实叶志超似乎还是很能打硬仗的。从小卒积数年、数十年之战功一步步爬到“提督”的高位。入淮军后，一级级往上爬，靠的是轻伤拼命，重伤不下火线。平捻军，积功升任总兵。1889 年擢直隶提督。热河教匪李国珍倡乱，率军征剿，平建昌，连克榆林、沈家窝，一路连捷。而平壤一役，还是那位将军，还是那支部队，却一触即溃，望风披靡。位尊了，银多了，肉厚了，胆小了，志灰了。“英雄”向“逃兵”的蜕化，在和平生活里悄然完成。

统帅怕死，疲于逃命，兵勇们打仗的本事也极不给力。一位参加过甲午战争的日本军官回忆说，在朝鲜战场上，日本各师团一碰到中国军队就立即卧倒，一动不动。这时候，中国士兵就争先恐后地放枪，一枪接着一枪，直到了弹打光。等到枪声渐渐稀少，日本军队就开始冲锋，结果可想而知。

日本的武士，成为“淮军”常胜历史、不败神话的终结者。而“淮军”胜利与光荣的终结，又在中日关系史上标明了国运沉浮的宿命——在败于“西洋”列强半个世纪之后，中国又开始了败于“东洋”近邻的辛酸。

失败如同瘟疫一般，陆战不及，海战也如同病入膏肓的人，只有挨打的份儿，而无还手之力。北洋海军是当时亚洲第一、世界排名前列的海军舰队。在船只、吨位上的实力明显优于日本海军。

视察北洋水师时，李鸿章夸耀其“攻守多方，备极奇奥”“发十六炮，中至十五”。在甲午战争前校阅舰队时还挥毫写下：“万里无风永靖鲸鲵波浪，三山海日照来龙虎云雷。”

实际上，士兵们却“腰间皆斜插烟枪一支”“平居烟酒淫赌，沉溺往返”，甚至管带也侧身其间，大敌当前仍“逐声妓未归”。如同被蛀空的大树，外强中干，空有其表。主人本想委以重任，一柱擎天，扶大厦之将倾，不想狂风一击，轰然倒地。空喷一口鲜血、万世哀叹。战事一开……

大东沟海战伊始，定远舰一炮震塌飞桥，北洋海军提督丁汝昌从飞桥跌落重伤后，再无组织新的战斗队形，以致舰艇各自为战，被逐个击破；福龙号鱼雷艇从400米处向武装商船西京丸连发3颗鱼雷，最近距离40米，竟无一命中……

武器装备差败于西洋，武器装备好了，照样败得彻头彻尾，北洋舰队全军覆没。

出身福州船政学堂的严复，对近代科技条件下的战争更有深刻认识和切身体会。他认为，缺乏科学理论的支撑导致了应用层次的崩溃，“不知曲线力学之理，则无以尽炮准来复之用；不知化学涨率之理，则无由审火棉火药之宜；不讲载力、重学，又乌识桥梁营造？不讲光电气水，又何能为伏桩旱雷与通语探敌诸事之也哉？”将领尚且如此，更遑论主要由农民构成的普通士兵。后来成为窃国大盗的袁世凯，对清军的素质倒是有着比较深刻的认识。他是这样描述清军素质的："为将者不习谋略，为兵者半属惰游。平时而心志不浮，临阵而臂指不使，聚同乌合，散同瓦解。"显然，清军低下的战备素质、训练素质和作风素质，正是导致战争失败的重要原因之一。

亡国先亡兵，兵既灭，国亦灭矣。

而兵的被"灭"，除了体现于装备的损失、队伍的瓦解之外，更危险的是——先从精神上被消灭！如果精神上缴械，再先进的武器也是破铜烂铁，再多的人员兵员也只能是亡国、亡军之旅。

清王朝灭亡后，"中华民国"的建立仍然没有终止国家和民族遭受灾难、阻止失败之噩运。

1931 年，日本关东军以 18000 人发动"九一八事变"。而张学良之东北军人数达 20 万人。事变发生前，蒋介石于七八月间致电张学良："无论日本军队此后如何在东北寻衅，我方应不予抵抗，力避冲突，吾兄万勿逞一时之愤，置国家民族于不顾。"张学良忠实贯彻蒋介石的不抵抗政策，"对于日人无论其如何寻事，我方务须万方容忍，不可与之反抗，致酿事端"。东北部队多次接受张学良不准抵抗的训令。"中国无力有效地抵抗外来入侵"成为"集体性共识"。事变当天，进攻北大营的日军约 800 人，而北大营驻军却近 7000 人，与日军兵力对比达到近 10:1。装备物资方面中国军队占优。据统计，仅 9 月 18 日一夜之间，沈阳损失即达 18 亿元。全国最大的沈阳兵工厂和制炮厂连同 9.5 万余支步枪，2500 余挺机关枪，650 余门大炮，2300 余门迫击炮，东北航空处的 260 余架飞机以及大批弹药、器械、物资等，这些装备物资，在东北军手中未发挥任何作用，却全部被洗劫一空，成了日军的战利品，极大地刺激了其侵略扩张的野心。后勤保障更没得说，东北三省民风淳厚、物产富饶，后来曾支持养育了近百万兵强马壮的我军四野部队。而事实是，东北军在日军突然袭击面前，除小部分自发英勇抵抗外，其余均不战自溃。日军仅以几十人伤亡的代价就占领了张氏父子经营几十年的北大营。沈阳城不到一天陷落，东北三省 4 个多月全部沦陷。

1936 年年底，中国陆军 220 万人，数量上居世界第一；日本陆军 25 万人，位居世界第八。1937 年，日本华北驻屯军以 8000 兵力悍然发动“七七事变”。北京、天津、上海相继被攻陷。日军紧接着对中华民国首都南京发起大规模进攻。蒋介石调集约 15 个师，15 万余人，准备南京守城战。而当时向南京进攻的全部日军才5万多人。总体上看，以国军的数量和武器装备绝非“不可一战”，但国军高层一片狼狈，战斗决心丧失，战斗意志瓦解，随之而来的是兵败如山倒。台湾战史专家这样评论：国军的撤退是在与敌脱离接触，无敌人直接干扰的情况下展开的，所有撤退之混乱是部队内部组织自行瓦解造成的。蒋介石却说：“退却时，部队未尽通过以前，即已将桥梁破坏，任令秩序纷扰，自相践踏拥挤。”而不争的事实是：12 月 13 日，南京沦陷，腥风血雨，狂扫南京城。

我看过一个资料，一个日本小队就占领了一座城市。国民党韩复榘一个团的军队，早就没影了，而实际上来攻城的就只有十几个日本兵。

一个规模如此宏大的东方大国，将命运系于这样一支军队之上，真是中华民族历史的悲哀。

一百年血泪史、耻辱史，我们在失败中穿行而过。在世界历史上，除了我们中国，恐怕难以再找出第二个国家，她的国民面对自己的百年近代史能产生多么复杂的情感：屈辱、愤怒、尴尬、忧伤……透过这些刀光剑影、血雨腥风的创伤与印痕，翻拣那段充满亡国之危、锥心之痛的近代史，从一个个鞭痕血影中不难发现，在那打一场输一场，打一场赔一场的战争中，我们并不完全是武器装备落后，更不缺少人员兵员，甚至物资保障也不是到了“勒紧裤腰带才能打一仗”的地步（在一定时期，甚至可称得上物资丰富、人多兵多、装备领先）。我们固然可以从当权者昏聩无能、官场腐败、国防意识淡薄、国富兵不强等诸多方面找到失败的原因，但一个根本原因就是没有强大的国防，军队没有战斗力、不能打仗，军人没有能打仗、打胜仗的真本事，一打就散，一击即溃。

人不如人，技不如人，战不如人，导致的不仅是士气一蹶不振，部队伤亡巨大，战斗失利，打不赢，吃败仗，更有可能是战局的被动，甚至是军队彻底失败，国家全面崩溃。正如列宁所说：“战争是铁面无情的，它斩钉截铁地提出问题：或是灭亡，或是在经济方面赶上并超过先进国家。”一个国家往往会因为军队在战争中的胜负而改变命运，弱国可能因战胜而成为强国，强国也可能因战败而走向没落。

1571 年，土耳其舰队在勒潘多海战中被西班牙舰队打败，从此横贯亚非三大洲的奥斯曼—土耳其帝国逐渐衰落。1674 年，荷兰海军被英国海军击溃，荷兰的海上霸权地位随之消失。1815 年，拿破仑带领的法军在比利时小镇滑铁卢惨遭失败，法兰西帝国从此走向衰亡。甲午战败，清政府向日本赔款一共是 3 亿多两白银，这相当于当时清政府两年半的财政收入，是当时日本 7 年的财政收入。清政府因此背负沉重外债，国力日渐衰微，沦为半殖民地半封建国家。而日本因获得巨额赔款和台湾等战略要地，国力军力迅速强大，成为亚洲唯一的新兴资本主义强国。当时的日本外务大臣陆奥宗光高兴地说："在这笔赔偿以前，根本没有料到会有好几亿元，（当时日本政府的年度）全部收入只有八千万日元。所以，想到现在有三亿五千万元滚滚而来，无论政府还是个人都顿觉无比的富裕。"从此以后，日本改变了它在历史上曾经师从中国的态度，转而轻视、蔑视中国和中国人，以为可以从中国予取予求，以致这种恶意很快就被凝聚成吞噬中国的更大黑色力量，1900 年，日军参加八国联军攻入北京。1904 年，在日俄战争中蹂躏南满。1914 年，在龙口登陆，攻占了胶州湾……"九一八事变"和"七七事变"的大幕悄然拉开……无疑，战争深刻影响着、改变着一支军队、一个国家的命运。

战争的威胁是现实存在的，战败的代价是难以估摸的。任何军队都希望赢得胜利，但战争终究要靠实力说话。我国现在正处于由大向强发展进程的关键阶段，中华民族从来没有像今天这样接近实现伟大的中国梦。可以说，建设一支强大的人民军队，为中华民族伟大复兴提供坚强的力量保障，既是近代以来中国人民从惨痛教训中发出的呼唤，也是人民军队必须肩负的伟大历史使命。“兵心横槊天下行。”我们唯一的选择就是以打赢的标准准备打仗，矢志精武强能，练就过硬本领，如此，才能使一支部队真正像利剑一样去战斗，才能在关键时刻敢于亮剑，并在未来可能发生的战争中敢打必胜，不辱使命。反之，一支战斗力不济、战斗意识淡化的军队，如同一把卷刃的钢刀，一只生病的老虎，只能心有余而力不足，一旦战争爆发，打胜仗就是一种奢望，只有被动挨打的份儿，战事来临之时，将是兵亡，国耻、军耻之日。

对落后挨打的痛苦体味，最深的莫过于军队

一支军队和一个军人的最高使命应该是能打仗、打胜仗！这是因为战争历史都是血与火的比拼、生与死的较量，如果在战场上“打不赢”“吃败仗”，它所承受的压力不但是自己的损兵折将，更令其蒙辱的是它为之效力的对象从此陷入暗无天日的绝境之中。

近代百年历史，犹如一幅长长的画卷，留着斑斑血迹和累累伤痕：一场场屈辱的败战，一次次掠夺与侵占，一个个丧权辱国的条约，成千上万的百姓惨遭屠戮，无数的稀世珍宝被疯狂洗劫……

1842 年 8 月 29 日，中英签订的《南京条约》，是中国近代史上第一个不平等条约。马克思当时愤怒指出：这个条约“是在炮口威逼下订立的”。自此至 1949 年中华人民共和国成立以前，在大大小小的帝国主义的炮口威逼下，据中国当代国际法专家王

铁崖统计，中国政府与外国侵略者共缔结过的不平等条约、协定、章程、合同约 1175 件。其中，清政府统治时期签订了 500 多个，北洋军阀统治时期签订 300 多个，国民党政府统治时期签订 200 多个。这些条约涉及割地、赔款、租界、驻兵、关税、法权、势力范围林林总总，将中国层层锁定。这在世界历史上都是罕见的。这些不平等条约如同套在中国人民头上的一个个枷锁，使得中国人民长期处于任人侮辱、践踏、宰割的悲惨地位，过着牛马不如的生活。

“只有双方势均力敌时才有正义可言。强者自能得到他们想要的，而弱者必须付出他们付出的。”这是《伯罗奔尼撒战争史》记载的傲慢之语。中华民族被充满优越感的西方列强视为“劣等民族”，当作可以任凭他们宰割的牛羊。当时帝国主义的舆论掩饰不住他们对中国、对中华民族的敌视、轻视和侮辱。他们开始把中国称为“东亚病夫”，说这个国家“正躺在死亡之榻上”，一些帝国主义者公开提出“分配这个病夫的遗产问题”，要把“瓜分中华帝国”问题提上议事日程。

日本人侮辱中国人的《支那论》，曾说中国人似蚯蚓，“把一段身子给切断了，其他部分没有感觉，仍能继续活着”。更有甚者，日渐崛起的殖民主义列强，对古老的中国始终摆出耀武扬威、弱肉强食的蛮横态度。1885 年，法国侵略军猛扑中越边境的谅山和镇南关，法军统帅尼格里居然派人在关前废墟上插了块牌子，狂妄的写道：“广西门户，已不复存在。”根本就不把中国军人放在眼里。1895 年，甲午战争中国战败后，日本嚣张至极，把起草好的条约拿来让李鸿章代表清政府签字。当时，日本首相伊藤博文对李鸿章说："中堂见我此次节略，但有允、不允两句话而已。"没有任何商量的余地。条约要求中国一个月交割台湾，并向日本赔款。李鸿章认为一个月太急了，要求宽限两月，他说台湾已被你们含在口中了，何必这么急？伊藤博文却说："尚未下咽，饥甚"。淫威之下，被迫签订了屈辱之极的《马关条约》。

这1000多个不平等条约，使帝国主义列强强占了中国181万平方千米的领土。面积等于3个法国、5个德国、7个英国的版图！

掳掠了中国13亿两白银，如果以清政府的年财政收入4000万两白银计算，要用30多年的财政收入来支付！

烧、杀、抢、掠更是随处可见。仅举圆明园一例。圆明园不仅是"举世无双"的"万园之园"，而且也是世界上规模最宏伟壮丽的博物馆、艺术馆和图书馆。凡是见过圆明园的人无不为这一人间奇迹所惊叹。一个侵略分子曾这样写道："在我们欧洲，没有任何能给我们那样豪华的观念的……在这几行文字中，要我描绘它的华丽景象是不可能的，那些令人炫目的奇迹，特别使我深深难忘。"美好的事物，可以陶冶情操，可以启迪性灵，甚至可以唤醒人类内心深处的善良、善意，却无法阻止侵略者的洗劫和毁灭。在一定意义上来说，对于一个兽性大发的恶魔来说，激起的只能是贪婪的野心和疯狂的攫取。1860年10月6日，当英、法联军进占圆明园时，震惊世界的大抢劫开始了。"由于将军现在不反对掠夺了，任何人都可以得到允许离开军营，涌向圆明园去。"于是充满贪欲的西方强盗们再也抵挡不住珍宝的诱惑，成群结队，尽其所能地大抢三日。“每一个人都是腰囊累累、满载而归。遇珍贵可携者则攫而争夺，遇珍贵不可携的如铜器、瓷器、楠木等物，则以棒击毁，必至粉碎而后快。”这种惨状就连英军头子额尔金也不得不承认，“对一个地方这样的抢劫和蹂躏是够破坏了，而更加糟糕的是无谓的糟蹋与损害”。圆明园所收藏的金银珠宝、绫罗绸缎、精美物品、珍贵文物，都被这伙“完全丧失了人类的理智”“仿佛魔鬼一样”的侵略者洗劫一空。10 月 18 日，额尔金在其政府舆论的支持下，为掩盖其骇人听闻的劫掠罪行，下达了焚园的命令，放火灭迹。烟雾“终天不散，就像有一场可怕的暴风雨即将来临”“万万千千的火焰，往外爆发出来，烟青云黑，掩蔽天日，所有庙宇、宫殿、古远建筑，被视为举国神圣庄严之物……都付之一炬了！”据说，清军一位将领目睹惨景后，愧然自杀。1900 年，又遭八国联军洗劫。

对于劫掠，日军更是有过之而无不及。“七七事变”后，日本发动全面侵华战争，日军所到之处，上至国家级的博物馆、图书馆，下至私人藏室，均无一例外地实施野蛮洗劫与破坏。1944 年，故宫博物馆所藏珍贵古籍 11022 册遭到日军洗劫。同时，日军从位于故宫午门的北平历史博物馆内劫走珍贵文物 1372 件。

近日，参观旅顺博物馆，展厅里陈列着两具南北朝至唐朝时期的自然木乃伊，解说员介绍说这是日本人占领期间从新疆抢掠而来、暂时存放此处，因战败未及运往日本。运走的真不知有多少。

如今，靖国神社里的千年大桧树，也是从中国台湾抢去的……

习主席曾指出：从1840年鸦片战争到1949年中华人民共和国成立的100多年间，中国社会战火频频、兵燹不断，内部战乱和外敌入侵不断发生，给中国人民带来了不堪回首的苦难。仅日本军国主义发动的侵华战争，就造成了中国军民伤亡3500多万人的人间惨剧。按照1937年比价，中国官方财产损失和战争消耗达1000多亿美元，间接经济损失达5000亿美元。

这段悲惨的历史，给中国人留下了刻骨铭心的记忆。

日军在黄海海战中大败北洋水师，之后又攻下旅顺。1894年11月22日，在旅顺城内进行了4天3夜的屠杀、抢劫和强奸，遇难者超过2万人，只有埋尸的36人幸免于难。1937年12月13日，日本侵略者从中华门进入南京，“草鞋峡内，乱刀刺破胸膛；汉中门外，子弹穿过颅腔；宝塔桥下，尸骸堆积如山；扬子江上，鲜血染红水面”。在长达6周的时间里，日军在南京疯狂射杀、枪刺、刀劈、电击、活埋、烧死、冻死、狗咬……据学者统计，日军杀人的手段达数百种，30万同胞惨死在日本法西斯灭绝人性的屠刀下。令每一位军人耿耿于怀的是，其中将近9万人是来不及撤走的国军军人。《上海立报》有如下记载：“死者倒卧于地，伤者转侧呼号，残肢头颅，触目皆是，血流成渠……景象之惨，无以复加。”美国前总统富兰克林·罗斯福怒言：“日本人是有史以来我见过的最卑鄙的、最可耻的民族！”

一张题为《上海南站日军突袭下的儿童》的照片震惊了全世界。画面中，一个满身鲜血的幼儿坐在车站废墟的铁轨上嘴巴大张、号啕大哭，那幼稚的、凄厉的哭声穿越时空，在天地间响彻，至今不息……

“现在 58 年过去了，皱纹已经掩盖了刀痕。”南京大屠杀的幸存者李秀英对采访者说。当时她不甘受辱与日本兵殊死搏斗。3 名手持刺刀的日本兵将手无寸铁、又矮又小的孕妇李秀英团团围住，连刺带挑，鼻子、嘴边、眼角、脸颊，一刀、一刀……37 刀，刀刀见血，触目惊心。

美籍华裔女作家张纯如在她的《南京浩劫：被遗忘的大屠杀》一书中对亲自采访到的“李秀英们”的血泪深仇进行了详细记述。大伤无痛，大悲无声。不知是过度的伤痛的刺激，还是为伤痛者的同情、对施暴者的仇恨，她经常气得发抖，彻夜失眠，噩梦不断……伤痛未泯，悲伤又起。2004 年 12 月先于 1918 年出生的李秀英老人一个月，1968 年出生的张纯如在美国加利福尼亚州自己的轿车内开枪自杀……

枪声沉沉，悲伤而沉重。没有强大的军队，没有强大的国防，“国将不国”，何以有家？人民的利益、甚至生命何以保障？

败战就像一个军人被敲断了胳膊和腿脚，伤在身上，“养兵千日，用兵一时”，没有打胜仗的真本事，到头来损兵折将，败仗之耻难雪；痛在心上，守土卫国之责未尽，国破家亡之责应负。这双倍的煎熬，似万般痛楚中都咽不下那揪心的苦药，苦在口中，撕心裂肺。

当年的北洋水师主舰“定远”舰部分残骸，日本于 1896 年打捞后，迄今仍在日本福冈的街头，被拆造成“定远馆”风餐露宿，甲板改造成的大门上弹痕累累；将俘获镇远、靖远两舰的船锚、锚链、炮弹陈列于东京上野公园展示，铁锚外排列着靖远舰12英寸穿甲炮弹弹头12发；弹头尖端挂着靖远舰锚链百余尺……它们无语地立着，一个多世纪以来默默诉说着中华民族的苦难和屈辱，诉说着中国军人的羞耻和伤痛……

“敌无日不可以来，国无日不可以亡。数年之后，乡井不知谁氏之藩，眷属不知谁氏之奴，血肉不知谁氏之俎，魂魄不知谁氏之鬼。”梁启超这些忧国忧民的文字，代表了国人面对民族危亡的真实感受。亲身经历这场事变的吴玉章回忆说：“我还记得甲午战败的消息传到我家乡的时候，我和我的二哥（吴永锟）曾经痛苦不止。”“这真是空前未有的亡国条约！它使全中国都为之震动。从前我国还只是被西方大国打败过，现在竟被东方的小国打败了，而且失败得那样惨，条约又订得那样苛，这是多么大的耻辱啊！”方志敏在《可爱的中国》中痛切地指出：“在半殖民地的中国土地上，不仅可以遇着‘华人与狗’一样的难堪的事情，你到处还可以看到高傲的洋大人的手杖，在黄包车和苦力的身上飞舞；到处可以看到巡捕手上的哭丧棒，不时在那些不幸的人们身上乱揍。”这是在“鞭打我们中华民族，痛在他们身上，耻在我们脸上！”有志之士的血泪控诉，更是对中国军人履职尽责的深深拷问！

军队放弃了责任，事实上与自杀无异。“九一八事变”，东北军奉行不抵抗政策，大部撤至山海关内，把东北三省110万平方千米土地拱手交给了日本侵略者，使得东北3700万父老乡亲沦为“亡国奴”，长达 14 年。从此，日军对东北地区实行了极其野蛮的“人圈”政策，把中国老百姓驱赶集中起来，像牛马那样圈入指定的区域内肆意奴役。1934 年，日本在南起宽甸、北至抚远的 39 个县、旗以及热河省沿长城一带制造“人圈”1.4 万个，把 500 万以上的农民圈入其中，他们在制造“人圈”的过程中，用刺刀和枪炮把大片大片的土地变成了可怕的无人区。据资料记载：无人区里“方圆几十里，见不到一丝炊烟，看不见一个人影，听不见一声鸡鸣犬吠……乌鸦在空中盘旋，饿狼在草丛中穿行”。“人圈”内更是惨无人道。有的一年冻死 1000 余人，有的一次瘟疫流行就死去 6000 多人，许多妇女被日军奸污，仅被狗咬死者就有 6000 之众。至今，尚有“人圈”遗址被发现。

这是中国人的耻辱，更是中国军队的耻辱、每一位中国军人的耻辱。东北军虽然从兵员数量上看军力未受损失，但无论是军队形象，还是军心士气却遭到了真正的损毁和重创。张学良落下了“不抵抗将军”的名声。东北军官兵一时成了亿万炎黄子孙指责的罪人。这支军队在关内饱尝了羞辱和訾议，到处抬不起头来，许多士兵不敢操家乡的口音，不少人甚至精神发生了错乱。“我的家在东北松花江上，那里有我的同胞，还有那衰老的老娘……哪年哪月，才能回到我那可爱的故乡。”东北军将士流亡关内，唱起这首歌，条条汉子热泪纵横，魂牵梦萦的就是打回老家去。这个耻辱直到“西安事变”，才在一定程度上得以雪耻。但东北军在国难当头之时不光彩的表现仍然被历史无情地记载下来，也为它无奈的令人扼腕的结局埋下伏笔：“西安事变”和平解决后，1936 年 12 月 25 日，张学良亲自陪同蒋介石离开西安回南京，从此一去不复返。近20万东北军群龙无首，并在主战主和问题上发生严重分歧，最后竟发展到内部残杀。在抗日战争和解放战争中，被蒋介石分割使用于各个战场，逐步被削弱、肢解、消灭，也有一部分在战场上起义，走向新生。

国家的耻辱与军队的耻辱是分不开的，而军队的耻辱则必然招致国家的耻辱！军队的耻辱与国家的灾难几乎是同等的分量。百年中国近代史的每一页都证明着这一点，至今仍然震撼、启示、警醒着每一位有良知的中国军人。

反思战争是为了更好地准备战争；铭记耻辱是为了不再蒙受耻辱。列宁告诫我们："忘记过去，就意味着背叛！"不知道自己祖国苦难和耻辱的人是可悲的；忘记自己祖国苦难和耻辱的人是可耻的。一个知耻的民族，才有杀出血路的坚定决心，才有奋勇前行的不竭动力！一个牢记民族灾难与耻辱的军人，才是一名真正的革命军人。

《礼记》曰："物耻足以振之，国耻足以兴之。"辛弃疾说："臣子思酬国耻，……此心未尝一日忘。"大有不雪国耻死不瞑目之慨。不能忘记，是为了振作和奋起，把国家的耻辱当作个人的耻辱，对每个公民来说，是"国家有难，匹夫有责"；对于"执干戈以卫社稷"的军人来说，更是职责所系，使命所系！不能因为环境好了，太平了，就淡化了当兵打仗的意识，更不能丢了这种意识。如果我们的视线被表面的和平遮挡，被一时的鲜花迷惑，淡漠了伤痕，麻木了耻感，多难不仅不能兴邦，留下的只能是无尽的苦难。"忘记过去的人注定要重蹈覆辙"，乔治·桑塔亚纳说。

军事教员高炜枕头边常放着一本发黄的《中国近代史》，不论加班有多晚、不论工作多辛苦，睡觉前总习惯性地翻一翻。他说："中国梦，就是强国梦，强国就必须强军，军不强最多是一个富国，而永远成不了一个强国。古今中外，概莫能外。强军是历史的警示，强军是时代的呼唤，强军是形势所迫，强军是军队的使命所在。"

让我们铭记历史，勿忘国耻军耻！

让我们为军人的荣誉而战，让胜利的荣光洗雪耻辱和伤痛！

如果你想获得和平，那就准备打仗吧

军威是打出来的，和平是靠实力换来的。面对"三千年未有之变局、三千年未有之强敌"，中华民族太多苦难、太多挫折、太多失败，最缺乏的就是胜利，最渴求的就是和平。中国共产党领导人民军队通过艰苦卓绝的斗争获得一系列惊天动地的胜利，打出了国威军威，中华民族才赢得了独立与解放，中国人民才拥有了几十年的幸福与安宁。中国军人一洗百年屡战败战的耻辱，并且成为捍卫正义与和平的全新力量。

1937 年 9 月 25 日，在国民党军队节节败退的潮水面前，肚子都吃不饱的八路军一一五师官兵凭借小米加步枪，勇敢面对日寇的进攻锋芒，首战平型关，在一个对一个的较量中解决对手，一举告捷，向全世界戳穿了日军不可战胜的神话。1940 年 8 月开始的百团大战更是使八路军军威大振，使得日本侵略军从此不敢小视中国军队，尤其不敢轻视共产党领导的武装力量。据统计，出师到抗日前线的八路军3万多部队，只有1万多支为过去缴获的杂牌枪，每支枪平均又只有30发子弹。名副其实是“没有枪，没有炮，敌人给我们造。”靠人民支援和战场缴获不断发展壮大，至1945年夏，八路军、新四军发展到93万人，有37万支枪，收复城市近200座，扩大解放区人口超过1亿人。

当1949年毛泽东主席在天安门城楼宣告中国人民站起来了的时候，日本一些媒体取笑我们，你们在近代史上，几千名外国军人就可长驱直入北京，现在说站起来就站起来了？抗美援朝战争，中国人民志愿军面对打着“联合国军”旗号的“十六国联军”，当时敌军一个团的火力超过我军一个军的火力。三年战争敌军共投射弹药330万吨，我军消耗弹药仅25万吨。就是在力量对比如此悬殊的情况下，中国人民志愿军却打出了国威军威。1951年1月4日，中国人民志愿军第三十九军军侦察队的侦察兵进入汉城郊区。美军悍将李奇微撤出汉城指挥部时，把平时穿的那件睡衣钉在办公室的墙上，并在旁边写上这样一行字：“第八集团军司令官谨向中国军队总司令官致意！”

一时，有日本媒体惊呼：中国是和过去不一样了，是真的站起来了。

有人这样评价抗美援朝战争：数百年里第一次为我们每一个中国人抹去那种黑色屈辱胎记的，是那些藐视一切敌人、勇往直前的志愿军将士。朝鲜战场上被俘的军衔最高的美军军官是被杜鲁门誉为“王牌将军”的美第二十四师师长威廉·迪安少将。后来他说：“任何企图征服中国的国家最终都被中国赶跑了，丢尽了脸面，有的甚至被中国同化了。这个国家了不得，这个国家碰不得！”中国由此赢得世人的尊重，美国也将中国视为世界上最强大的国家之一。西方人的标准是：要想成为强国，你必须击败过另一个强国的军队。中国今天能这样站立着，是因为中国当年志愿军在上甘岭站立着。我们今天每时每刻都能感受到他们为祖国和人民争得的尊严。1962 年，英国陆军元帅蒙哥马利访问中国大陆后，在中国香港的记者会上说了几句很有分量的话。他说：“我要告诉我的同行，不要同中国军队在地面上交战，这要成为军事家一条禁忌。”他甚至说，谁打中国，进得去出不来。

恩格斯早就指出：“赢得战争胜利的是人而不是枪。”“枪自己是不会动的，需要勇敢的和强有力的手来使用它们。”我军正是靠有一批会用“枪”的手，会用“枪”的人，“打”出了形象，“打”出了军威。有军史专家统计，人民军队自建军以来，共打过大小 400 多场战役，败仗仅有 10 场。

我军领导集团中，既有毛泽东这样学贯中西、饱学宇内的战略统帅，又有周恩来这样早年曾到日、德、法等国学习，有现代科学文化基础和思想，又经历了长期革命斗争锻炼的优秀人才，还有朱德、刘少奇、邓小平、彭德怀、刘伯承、徐向前等等这样一大批帅才、将才。战斗英雄、英雄群体更是如群星般闪耀：东北民主抗联孤胆战斗英雄纪善良、特级战斗英雄郭俊卿、志愿军特级英雄杨根思……临汾旅、白老虎连、济南第一团，等等，他们创造了许许多多的战争传奇，很多经典战例至今仍让对手为之胆寒……

正是这支人民的军队，从小到大，由弱到强，最终成为中国政治舞台的支柱，成为国家安全的可靠保证！军队的命运和转机，从根本上扭转了国家的命运。

胜利的节奏，成为国家前进的节拍；打赢的旋律，成为国家发展的主旋律！

军不思战，国之大难。一个军队最大的忧患就是没有忧患，看不到敌人，是一支军人最大的敌人。随着战争硝烟的散去，那种敌情严重的强刺激大为减弱，一些官兵的警惕之弦也随之放松。一些官兵认为，“和平是主流，打仗不可能”“不在第一线，打也轮不上”。有的对备战打仗思考不多、用心不够，缺乏忘战必危的忧患意识、当兵打仗的使命感和准备打仗的紧迫意识，总想把“刺刀插在地上”，把当兵作为一种就业谋生手段。在一些部队，狼来不来的问题，至今仍是一个令人思索而又常讲常新的话题。形势分析会上，有战士讲“总是喊‘狼来了’，这么多年，也没见到‘狼’是什么样子！”“现在我们国家这么强大，‘狼’恐怕是不敢来了！”而“狼”却无时不在。当代有一句流行语：与狼共舞。

据不完全统计，从公元前1496年到公元1861年，在这3357年中，地球上竟然有3130年都有战斗在打响，而只有227年相对比较平静比较安宁。第二次世界大战以来的70年时间里，地球上就爆发了约500场局部战争，几乎平均每个月就爆发一次。

每天只要稍微留意一下报纸、电台和电视台里的新闻，你就会遗憾地发现：在我们居住的这个星球上，真正的和平还没有真正地到来，你侧起耳朵，依然听到枪炮野蛮的轰鸣；你嗅嗅鼻孔，依然闻到相互厮杀的血腥。美国特种部队司令霍布森曾经说道："我们一会儿在索马里，一会儿在海地，只要美国不歇手，美国的军队就别想歇着。世界上哪里有危机，哪里就有热点，哪里就有我们美国人。"这说明，只要霸权主义不放弃谋求霸权的政策，天下就不会太平。在这个蓝天和阴霾、天使和魔鬼共存的世界上，一个道理其意自明：要想不被狼咬，就得有防狼的心劲、打狼的本领。

诸葛亮说："若有居安而不思危，寇至而不知惧，此谓燕巢于幕，鱼游于鼎，亡不待夕矣。"就是说，处于和平安定的年代不考虑战争的危险，敌人突然进攻又不知如何抵御，这就像在幕布上筑巢的燕子，在热锅里游泳的鱼儿一样，立刻就会灭亡。一支军队，不论历史上创造过多少辉煌，不论武器装备有多先进，一旦缺少忧患意识，"听惯梨园歌管声，不识旌旗与弓箭"，最后都会导致失败。新西兰有一种几维鸟，因为长期安逸的环境，它们长得圆滚滚，没有翅膀和尾巴，也不能飞行，家养的猫都曾差点让他们灭绝。作为国家的矛和盾，和平固然是褒奖，但安逸却会让军备松弛，军人松懈。甲午战争前，当时中国的一些有识之士，如两江总督沈葆桢、台湾巡抚刘铭传等看出"倭人不可轻视"，但当权者夜郎自大，视己为"天朝上国"，觑其为"蕞尔小邦"，"不以倭人为意"。在日本倾全国之力扩充军备，战争危险日益迫近的紧要关头，清政府反而放松了国防建设，不断削减军费预算，从 1888 年开始停止购进军舰，1891 年停止拨付海军的器械弹药经费。而曾经骁勇善战的清朝"八旗兵"，由于贪图安逸，马放南山，武艺荒废，提笼架鸟，文恬武嬉，打起仗来只能“十人上马半数落，呲牙咧嘴腿骨折”。战争的胜败，战前已见分晓。托翁笔下的俄军，由于没有准备战争的决心和意志，得过且过、麻木不仁，一度被有备而来的拿破仑军队击败。这不仅是文学故事、小说家言，同样也是历史的真实写照。当人们忘战图安、不思战备的时候，战争就来了，这几乎成了一种历史规律。

古往今来，军人为战争而生，战斗和准备战斗是军人应有的正常状态。在战争年代表现为直接参战，在和平时期表现为时刻备战。明朝爱国军事家于谦指出：“兵无不精，则国威自振，而寇患自平。”战备，犹如一把绷紧弦的弓箭，把全部的力量聚集在弓弦上。尽管搭在弦上的利箭并未发射出去，但其威力已在弦上充分体现出来。瑞士“每个公民都时刻准备上战场”，故享有百年和平；以色列军人心怀“战败国家即亡，战败无法生存”的忧患，故能在对手如林中享受胜利的尊严。如同打狼，打狼之术可以不用，但决不能不备。知道怎么防狼、打狼，有火把，有枪，有壕堑，定好防狼计，磨快斩狼剑，才能让觊觎者无机可乘；只有一剑封喉、一招致敌的本领，才能让觊觎者心存忌惮、望而却步。

《虎钤经》中写道：“善用兵者，防乱于未乱，备急于未急。”现在信息化战争节奏快、持续时间短，首战即决战，发现即摧毁，与其说打的是战时的“瞬间释放”，不如说打的是平时充分的“日常战备水平”。海湾战争持续了 42 天，科索沃战争 78 天，伊拉克战争的“战争时间”只有21天。现代战争的发展越来越像苏沃洛夫所说的：“一分钟可决定战斗的结局，一小时可决定战局的胜负，一天可决定帝国的命运。”战场上同敌人争速度于当下，漫长的跑道却在今天，战争越趋于速决，战争准备就越趋于长久。毛泽东的一贯思想是有备无患。他说：“要准备打仗，准备没有坏处，你不准备人家就欺侮你，几十年前，谁人都可以在中国头上拉屎拉尿。你准备好了，敌人就可能不敢来，它打来了也不怕，有办法对付。”准备得越充分，打仗的可能性就越小。自古道：有备无患，备大患小，备小患大。要想赢得和平，就要随时准备打仗；做好战斗准备，才能将战争阻之门外，如果不时刻保持枕戈待旦的战备姿态，一旦有事肯定会吃大亏。

习主席深刻指出：“准备工作做得越充分，我们在战略上就越主动，越能不战而屈人之兵。你有准备、有实力，人家才不敢轻举妄动。”特别要求“牢固确立战斗力这个唯一的根本标准”，“强化官兵当兵打仗、带兵打仗、练兵打仗的思想，使部队始终保持招之即来、来之能战、战之必胜的战备状态”。“要立足最困难、最复杂情况。做好各项军事斗争准备，从实战需要出发，从难从严训练部队，确保一旦有事，能够上得去，打得赢”。我们深知，最坚决的反战是备战，最常态的备战是居安思危不忘战。军队越能战，国家就越安全，人民的利益才越有保障。无论打不打仗，时刻枕戈待旦永远是克敌制胜的办法。

古今中国，总有那么一群人，“朝食不免胄，夕息常负戈”，为了国家安全闻鸡起舞，枕戈待旦。

《晋书》中记载了一个“枕戈待旦”的故事，说刘琨为了国家的安危，每天夜里都要枕着兵器睡觉，一直到天亮。他在守卫晋阳城时，要求全体将士不分昼夜加紧巡逻，刀不离鞘，夜不解甲，毫不松懈。匈奴得知刘琨所部枕戈待旦，从此不敢轻举妄动。

我们的许多革命前辈为我们树立了枕戈待旦、常备不懈的光辉典范。金一南在《心胜》中记述了粟裕将军“备战”的事。粟裕将军有一个战备箱，平时放在床边，里边放着望远境、指南针、地图等作战指挥所需物品，自己的作训服、胶鞋也是不离身边，去外地出差或考察时，别人往往是去参观名胜古迹，浏览风景，他总是喜欢观察当地的地形、地貌和环境特征，想着如何进行攻防。将军一生“为军事而生活”，他用无声的行动塑造了一名真正革命军人的样子。这让我想起曾采访过的一位老红军战士周克柳。他从军那阵子，除了吃饭睡觉之外，打仗就是日常生活。就是全国解放了，茶余饭后，关注的仍然是国际、国内时事战事，谈论的仍然是如何攻城、如何防守、如何阻击、如何苦练杀敌本领……离休后，依然“三句话不离本行”，这些也成了他晚年生活的重要组成部分。周老说，军人吗，不琢磨打仗琢磨啥！肃然起敬之余，不觉正正帽徽、领花，挺直了脊梁！

在我们身边，也有不少这样的例子。部队营区里随处可见一句醒目的口号：“日日披坚执锐，时时待命出征。”官兵时刻保持“哪怕睡觉也要睁只眼”的高度警惕和“策马待命箭在弓”的备战姿态，始终想着打仗，随时准备打仗。

全军学习成才标兵拉巴次仁常说：“平时无敌情，战场就丢命。”

去年冬天，连队在旅编成内组织冬季适应性训练。一天晚上，大雪突降，寒风刺骨。凌晨时分，连长拉巴次仁像往常一样，出去查哨，故意没开手电，却发现哨兵正背对着警戒方向躲风。拉巴次仁当即严厉地批评了他们："假如我就是敌人，不但把你俩解决了，很可能全连都会因为你们的失误而全部覆灭！"

在第二天的训练讲评会上，拉巴次仁当着全连官兵的面，再次严肃批评了这两名哨兵，要求大家引以为戒、举一反三查找问题，进一步强化敌情观念和打仗意识。

在某个大漠深处，在一支部队的炮阵地上，一辆多功能迷彩野战政工车正将一份份飘散着油墨清香的报纸、一条条从野战广播播发的战地新闻，成为在这个演习场上鼓舞军心斗志、激励官兵士气的精神食粮……

古罗马军事家韦格蒂乌斯曾说："如果你想获得和平，那就准备打仗吧！"

让我们始终保持清醒头脑，忧国思战，砺剑备战，确保在未来战争中立于不败之地！

第二章

制胜秘籍：一个合格兵的 N 种本事

有本事的范畴非常宽泛。军人生来为战胜，战场打不赢，一切等于零。本事姓不姓军，为不为战，关乎的是军队的生死存亡。如果军人的本事不姓军不为战，那它就不是真本事。青年官兵所处的岗位不同、职责不同，只要能把平凡而普通的工作做到极致，能够服务打赢、促进战斗力提升，都是军人的本事。但不论你身处什么岗位，勤奋学习、军事过硬、技术精湛、身心强健、团结协作、注重创新等，都是一个合格军人必须具备的基本素质。如果把能打仗、打胜仗的本事比作一把钢刀，这些基本素质就如同刀刃上的钢，使刀称之为钢刀；如同刀刃上的锋，霜锋雪刃，谓之宝刀。刀刃之钢、锋刃之锋，是本事中的本事，是本事的骨，是骨中的钙。具备了这些基本的素质，才算有了兵的样子，才算拥有了一名合格兵的本事，战场上才能一剑封喉，所向无敌。

6 给你的大脑植入信息化“芯片”

被誉为“时代英雄”的某导弹旅旅长做客一家广播电台。节目访谈中，有一段是观众问答。

与一位老军人的对话，至今发人深思。

老军人打来电话说:“俺活了70多年，解放战争、抗美援朝，大大小小的战斗参加了几十次。我们那时的功臣和英雄，不掉脑袋算幸运，缺胳膊少腿是常事。而你连点皮肉都没伤着，靠啥立高功、当英雄呢？”这位导弹旅旅长和他的战友们的回答是:随着科学技术的迅猛发展，并广泛应用于军事领域，英雄也要赋予新的时代内涵。董存瑞炸碉堡，黄继光堵枪眼，王成手持爆破筒大喊“向我开炮”，他们的确是当之无愧的英雄，这种精神今天和将来都仍然要发扬。但是，现代战争的样式决定了双方交战将无刺刀可拼，无枪眼可堵。而那些对付“电脑黑客”的侵入或“电子炸弹”袭击的能手，那些“外军通”“技术大拿”“网络专家”等，无疑将成为未来战场的勇士和英雄。作为一名现代军人、新时代军事指战员，光有勇敢精神和强健体魄还远远不够，必须在军事科技的前沿阵地上冲锋陷阵，才能塑造全新的英雄形象，才能使英雄的精神薪火相传。

我们有足够的理由为这位导弹旅旅长“点赞”。这看似是一场什么是时代英雄之问，实际上更是一场新时代军人应该是什么样子之答。冷兵器战争中，敌我双方干戈交手，主要是体能和武艺的较量；热兵器和机械化战争时代，枪炮、坦克和导弹交火，技能和谋略的较量作用不断加大。

知识是人类文明进步的助推器，也是战斗力的倍增器。战友们一定看过反映抗日战争时期军民英勇抗击日寇的电影《地道战》。影片中有这样一组令人难忘的镜头：夜深了，民兵队长高传宝拨亮了放在炕桌上的油灯，捧着《论持久战》在学习。毛主席的话给了他智慧，给了他力量。从此，他组织群众，把地道战开展得神出鬼没，有效地保存了自己，消灭了敌人。当前，知识的更新，尤其是现代科学技术的发展，不断改变着作战样式，引起战争形态的深刻变化。在海湾战争、科索沃战争、阿富汗战争、伊拉克战争中，人们逐渐感受着与以往不一样的战争场面。不见了面对面的厮杀，取而代之的是跨越地理障碍的精确打击。除了火光与硝烟，战场上多了键盘、鼠标与液晶显示屏。在这样的战争中，知识的发达程度影响，甚至决定了战争的结局。

好学是有本事的基础。事有所成，先是学有所获；学有所成，当是好于学之。一支军队战场的胜负，往往取决于对新知识的掌握运用。你不学习，对手在学习，你不进步，对手在进步，两相比较，往往是战端未起，高下乃分。海湾战争中，参战的美军军官 98% 以上达到大学文化程度，其中 80% 以上拥有学位；仅直接操作“爱国者”导弹的人员，就有1/3是“白领”专家。而令人大跌眼镜的是，伊军在科威特缴获了一批隼式导弹，令美军十分担忧，但伊军官兵由于科学文化水平低，直到战争结束，军营里还堆着小山一般的各种先进导弹；不会操作先进坦克上的激光瞄准仪，干脆将它拆掉，改用老式光学瞄准镜。即使用重金从西方国家买来的大量现代化兵器也只能被弃之不用。

开国上将陈锡联在回忆抗日战争中夜袭阳明堡飞机场战斗时，讲了一个有趣的细节：有的战士由于没有见过飞机，压根就不会打，有的拿铁锹去砍，有的用刺刀去刺。多年以后，陈将军还感慨道：“如果那时对飞机了解得更多一点，会干得更漂亮！”

曾经预言了信息时代到来的美国未来学家托夫勒，曾发出这样的预言：“随着知识经济时代的迫近，军队中的‘知识战士’将取代昔日的‘钢铁战士’。也许终于会有一天，携带计算机的战士要超过携带枪支的战士。”他为未来的新兵种“知识战士”做了这样的定义：“这是一群穿着军装或不穿军装的知识分子，信奉知识能打赢战争或避免战争的观念。”

军队竞争本质是战斗力竞争，最终还是体现在学习力的竞争上。随着信息时代的知识密集和科技密集已经成为现代军队的基本特征，军队战斗力越来越依赖于高技术兵器和高度知识化人才的有机结合。一支有战斗力的军队，必然是一支爱学习的军队，打赢未来信息化战争，没有素质打底，讲履职是空谈，谈尽责是空想。除了学习，别无他途。

毛泽东说过：“没有文化的军队是愚蠢的军队，而愚蠢的军队是不能战胜敌人的。”人民解放军依靠学习走到今天，也必然要依靠学习走向未来。早在延安时期，我党我军就提出了“认字就在背包上、写字就在大地上、课堂就在大路上、桌子就在膝盖上”的学习口号，在战争年代极其艰苦的条件下，卓有成效地组织了战斗化的学习，使无数从农田里走出来的质朴农民，成长为智能双全的中华人民共和国开拓者和建设者。

邓小平曾经指出：“现在打仗，我们的军官没有现代化战争的知识不行。当个连长，不是过去的连长，当个团长，不是过去的团长，要有知识，天上、地下、陆上、水下，包括通信联络都要懂得”，“现在当个连长，同过去的连长可不一样了。过去的连长，驳壳枪一挥，就是‘冲啊’，现在连长的知识要比过去多得多，更不用说连以上干部了。”

用知识武装的战士，才是能打赢的战士，用知识武装的军队，才是一支有本事、有战斗力的军队。一支军队有学习力，才会有战斗力。若想打败对手取得胜利，最重要的也是唯一永不改变的法则是，比作战对手学得更快更好。

习主席曾专门就学习问题发表重要讲话，强调指出：“我们的干部要上进，我们的党要上进，我们的国家要上进，我们的民族要上进，就必须大兴学习之风，坚持学习、学习、再学习，坚持实践、实践、再实践。”

十九大报告提出全面建成世界一流军队，要求我军不仅要赶上世界军事发展潮流，而且要走在前列，引领潮流，实现由跟跑、并跑向并跑、领跑转变，立起了军队建设的新目标、新视野、新蓝图。

使命光荣，责任重大。军队对现代军事人才的需求非常迫切。从全军每年评选的学习成才标兵、爱军精武标兵来看，不仅有工程技术人员，也有基层指挥员和普通士兵。勤于学习、敏于求知，通过学习来增长知识、增加智慧、增强本领，是他们胜任岗位，要求成长成才的必经之路。

突出岗位任职需要。任职岗位是军人准备打仗、报效国家的基本平台，摸透战鹰特点和蓝天脾气，飞行员才能鹰击长空、叱咤风云；熟悉战舰性能和大海秉性，水兵才能遨游海洋、威镇海疆……因此，应把本职业务的学习作为增长本事的基本内容。

被誉为“专家中的士兵、士兵中的专家”的某基地测量控制站三级军士长马金永，当初从士官学校毕业分配到基地时，他为自己成为航天战线的一员感到无比光荣和自豪。因工作需要，他被调到数据传输岗位，这是试验信息交换中枢，许多进口设备的说明书、操作命令都是英文。为了掌握设备，他从英语的基本语法和专业词汇学起，把那些拗口的单词和难记的参数做成小卡片装在口袋里，一有空就掏出来念几遍。通过半年“恶补”，他不仅能快速阅读设备说明书，还将500多页的说明书翻译成了中文，现在这本小册子成为了基地数传专业通用教材。

他还结合岗位需要，通过自学，取得了2个本科、1个大专文凭和工学学士学位，通过了5项国家职业资格认证，成为基地公认的装备通。

《空军报》记者曾就岗位任职学习问题对全军学习成才标兵蒋佳冀作过采访。令人读后颇受启发。

记者：你身边的许多同志都反映，你对学习抓得特别紧，作为一名飞行员，你是如何看待学习的？

蒋佳冀：《亮剑》中有一段情节：新中国成立后，李云龙被派到军事大学学习，由于瞧不起曾经的手下败将成为教员，带头起哄。在被校长训斥后，开始认真学习军事理论，最终成为岛屿作战的军事专家。

工作越久，飞行时间越长，我对这段情节的理解就越深。2011 年对抗空战中，我们成为当年考核的“黑马”。取得成绩的同时我也在想，是什么让我们获得了战斗力实实在在的增长？正是学习！正是通过向专家学习，我们掌握了武器装备的工作原理；通过向“对手”学习，我们制定了精准有效的战术方案；通过向外军学习，我们探索了科学合理的组训模式，可以说，学习使我们尝到了战斗力提高的“甜头”。

记者：平时，你们是怎么学习的？讲讲你们的学习心得，可不要太“保守”。

蒋佳冀：以前，我们搞了一个“漂流书”活动，促进飞行员学习。现在，团副参谋长专门制订学习计划，飞行大队长把关，飞行员每月专门有个人学习计划表，包括读什么书。另外，我们还有集体统一的学习方案。前段时间执行驻训任务，每天我们都在外场研究室集体学习，一起搞战法研究，邀请兄弟单位人员帮助我们研究“敌”情。然后撰写体会。对抗都有体会，每次任务后大家都要交流。正是因为学习认真，我们的驻训成绩非常好，突发情况也处置得较为妥当，受到各级领导的表扬。

空军“金头盔”获得者刘晓鹏则痴迷各种战例、战法，总爱盯着计算机里的空战视频和战机研究报告，一个人静静地“和各种对手过招”，还在宿舍墙面上描上小点定睛探索，历练“大海捞针”的眼力。

三个学习业务的故事告诉我们一个理儿：军人所担负的特殊使命和责任，决定了其必须具备特有的职业素质和岗位要求，必须专注于训练领域、专注于岗位任职，心无旁骛，干一行学好一行，钻一行精通一行。

着眼未来作战需要学习。当今时代，战争形态加速向信息化战争演变，武器装备日益现代化，知识密集程度不断提高。要适应这种变化，就必须具备相应的科技素养特别是信息化素养。如果不掌握现代科技知识，不了解现代战争的模样，不熟悉武器装备的性能，就算不上素质过硬，也无法适应现代战争的需要，更别提能打仗打胜仗了。战争是个大课堂，又像个大考场，军官也好，士兵也罢，面对信息化战争的来临，我们都该问自己一句，我手里拿的是不是一张旧船票，能不能登上明天现代化战争的新客船？

某部侦察营长吴海燕虽已过而立之年，但英勇不减当年。部队组织比武竞赛，他主动请缨，奔赴赛场，射击、捕俘、奔袭……在传统侦察技能较量中，吴海燕势如破竹，多次获得第一。然而，在关键的回传情况课目中，面对列装不久的新型装备，在强烈的电磁干扰条件下，吴海燕没有按时完成情况传递任务，总评成绩受到影响。曾扬威世界赛场的特战精兵，无奈“败走麦城”！

吴海燕认识到：未来战场，既要有一不怕苦、二不怕死的战斗精神，还要对信息化装备了如指掌、驾轻就熟，做到智能双全。从此，他集中精力补短板：哪方面弱就学什么，刻苦钻研信息化知识，苦练电子侦察、通信干扰等新技能，多方求教反“敌军”网络渗透偷袭战法；完成任务需要什么就学什么；对手“怕”什么就学什么，“万物相生相克、此消彼长，搞透对手武器性能和战术意图，你就知道应该往哪个方向努力”……新型装备列装后，他发现无人侦察机、战场照相系统与指挥所电视侦察系统互不兼容，就带领官兵加班加点，研究攻关，最终实现几个系统互联互通，提高了装备效能，成为“侦察兵十大精武标兵”。

近年来，部队装备更新很快，需要拥有新知识新技能的士兵去掌握，即使没有直接操纵现代兵器，也应该了解掌握一些这方面的知识。

谈到在信息技术学习方面有什么好的经验与方法，全军学习成才标兵杨科有自己的独到见解：一是在心态上要放松。一提到学习信息技术，很多战士脑子中浮出的就是“高精尖”，还没开始学就先产生恐惧心理，仗还没打就败下阵来。其实学习信息技术跟我们开展武器装备理论学习一样，没什么可怕的，只要肯用心，肯吃苦，就能学习好，并没有想象中的那么可怕。二是打牢基础。信息技术有个特点，往往一个系统一个理念仅仅是延伸一个概念，就能产生新的系统、新的概念。这就是我们常说的“万变不离其宗”。所以说只要我们打好基础，不管它怎么出新，怎么变化，都能很快找到它的特点规律。三是学习的过程中切忌为学习而学习，脱离实际。每接触一个新知识、掌握一个新方法，都要想想这跟我们的本职工作有什么联系，应该怎么将其转换为业务技能，为工作服务。四是学会融会贯通。信息化武器装备的发展改变了战争基本形态，信息主导成为制胜关键、精确作战成为主导形式、网络空间成为崭新战场等，驾驭新装备成为各级指战员适应信息化战争的基础能力，所以，不仅要对本兵种专业技术“了然于胸”，还要熟知陆、海、空、天、导、电等各军兵种知识，达到融会贯通、灵活运用的目标要求，否则就无法打赢未来战争。

对现代新知识也要广泛涉猎，与时俱进。朱德元帅的孙子朱和平在连队当过战士、班长、排长。当时，他所在部队领导向朱德汇报说准备送朱和平到炮兵指挥学院学指挥，这样就可以按照指挥军官的路子成长起来。朱老总没有同意。他对朱和平说：“未来战争是现代化战争，没有自然科学知识怎么行？你不要太早学指挥专业。”朱和平回忆说，后来，爷爷让秘书给他寄去北京市的高中课本，意思是让他好好学习这些功课，把基础打牢。就这样，朱和平利用业余时间学习了基础知识，为后来继续学习和做研究打下一个较为扎实的基础。

朱和平说：“当时，我对爷爷的要求有些不理解。随着年龄的增长、阅历的增加，越来越懂得了，没有科学文化知识不行，如果说自己在军事教学、科研方面还做了一些事的话，主要得益于爷爷的教诲。”

“要成为一名新型军事人才，建功军营，报效国家，首先要学好现代科学文化知识，打好这方面的基础。”朱和平提出自己的建议。在当前信息技术加速发展，战争形态、作战形式深刻演变的情况下，要熟知大数据、“互联网+”等颠覆性新技术知识及其可能对指挥作战产生的影响。

云计算（Cloud Computing），是基于互联网的相关服务的增加、使用和交付模式，通常涉及通过互联网来提供动态易扩展且经常是虚拟化的资源。云是网络、互联网的一种比喻说法。过去往往用云来表示电信网，后来也用来表示互联网和底层基础设施的抽象。云计算可以让你体验每秒10万亿次的运算能力，拥有如此强大的计算能力可以模拟核爆炸、预测气候变化和市场发展趋势。用户可以通过计算机、笔记本、手机等方式接入数据中心，按自己的需求进行运算。目前，云计算已广泛用于军事领域，为武器装备研制与试验、作战模拟提供强大支撑。

大数据，指的是需要新处理模式才能具有更强的决策力、洞察发现力和流程优化能力的海量、高增长率和多样化的信息资产。大数据技术的战略意义不在于掌握庞大的数据信息，而在于对这些含有意义的数据进行专业化处理。大数据时代人们对数据研究方面最大的转变，就是着重于相关关系的实际价值而不再固守因果关系。大数据的核心就是预测，它能够展现出当下社会的运行状态，能预测未来社会的走向。大数据已广泛应用于实时战场信息处理、武器智能化等多个军事领域。

“互联网+”，行动计划中进行云计算、物联网、大数据为代表的新一代信息技术与现代制造业、生产性服务业等的融合创新，发展壮大新兴业态，打造新的产业增长点，为大众创业、万众创新提供环境，为产业智能化提供支撑，增强新的经济发展动力，促进国民经济提质增效升级。

2015年3月5日，十二届全国人大三次会议上，李克强总理在政府工作报告中首次提出“互联网+”行动计划。

新的知识以几何级的速度增长，我们要以“苟日新，日日新，又日新”的精神，广泛涉猎，不断拓展视野，为我所用。

军事是一门集自然、社会和思维诸门科学成果于战场的特殊学问，所以对军人来说，需要的知识是极其广泛的。

《孙子兵法》对“知”的论述多达80多处，如“知天知地”“知九变之术”等。这些普遍规律对现代战争仍具有很强的指导作用。比如，在狙击战场上，一击不中就意味着失败，甚至以牺牲生命为代价。要想抢占先机，首发命中，就必须精确掌握温度、湿度、风速、风向、距离等多种因素对射击的影响，多一分知识就多一分胜算。

仔细研究中外战史、品味军事名家取胜的战例，我们不难发现，古往今来的著名将领、军事家、谋略家，人人都是博古通今，“上知天之道，下知地之理，内得其民之心，外知敌之情”。孙膑如果缺乏必要的心理分析知识，就不可能“减灶赚庞涓”；诸葛亮如果没有丰富的地理和气象知识，也不可能“借东风”。

1937年9月、10月间，刘伯承率领129师北上抗日，途中他反复跟干部们讲：“我们要把敌人的装备、编制、训练、战术都了解清楚，他擅长什么，弱点何在，有何习惯，士气怎样，都要一一弄明白，不然今后作战要吃亏。”神头岭伏击战中，他不仅对设伏地域的利弊作了深入分析，而且对敌人的心理也作了相应的分析，从而准确地把握了对自然和社会的认知，将作战引向胜利。从刘伯承的身上我们也能够深深感受到：他天才般的指挥艺术都是经过孜孜不倦的学习和一次次实战打拼摸索出来的，他的赫赫战功都源于他认知自然、认知社会的深厚功底。

据一份资料显示：英国一名军官要经过1372小时的课堂学习和245小时的课外自学才可以获得任命。日本标准的要求则是3382小时的课堂学习和2765小时的课外自学。军校学员不仅每天都要坚持超强度的身体训练，还要学习历史、地理、外语、数学、科学、逻辑、绘画和书法等课程。所有课程的终极目标都是实现完美，获取胜利。

“兵之胜道先胜”。井底之蛙很难有“直挂云帆济沧海”的胸怀，向隅而立不可能有“横看成岭侧成峰”的视角。现在，一个陆军集团军编有300多个专业，涉及1000多项技术；一艘现代中型舰艇，涉及100多个学科，近600门技术和知识……高水平的文化素养更成为影响军队战斗力的重要因素。只有不断学习，博学多才，才能对陆海空天电诸方面知识和技能达到“运用之妙，存乎一心”的境界，在未来信息化战场上运筹帷幄、决胜千里。

青年战友们正处于一生当中长本事、增才干的黄金时期，要像习主席强调的那样，“把学习作为首要任务，作为一种责任、一种追求、一种生活方式”，内修文德，外修武备，以时不我待的紧迫感抓紧点滴时间学、在干中学学中干、运用多种形式学，只有每天多学一点知识、一项技能、一种本事，将来在战场上才多一分打赢的底气和招法！

7 “人剑合一”是本事的最高境界

古代剑客，把人剑合一视为剑术的最高境界。人即是剑，剑即是人；剑中有我，我中有剑。杜甫的《观公孙大娘弟子舞剑器行》描述公孙大娘舞剑绝技：

> 昔有佳人公孙氏，一舞剑器动四方。
> 观者如山色沮丧，天地为之久低昂。
> 霍如羿射九日落，矫如群帝骖龙翔。
> 来如雷霆收震怒，罢如江海凝清光。
> ……

剑的声光，似雷如电，精湛技艺，如呈眼前。我们理解，所谓“人剑合一”，就是要实现人与武器的最佳结合，无论手中的武器装备是“高技术”还是“低技术”，如果不能熟练掌握、发挥性能，就是一堆废铁。即便剑不如人，剑法也要胜于人。诸葛亮训练部队，十分重视装备和使用装备的人。他说：以刺蜇人的虫子，凭着它的毒刺；战士很勇敢，凭着他的装备。因此武器锐利甲胄坚硬，人就不怕打仗。但是，诸葛亮更强调说：射箭不能中，就与没有箭相同，箭多但不能射入，就与无箭头相同。强调的是技能精湛。

历史上有一则薛仁贵“三箭定天山”的故事。唐高宗龙朔二年，西域回纥进犯唐境。唐朝西征大军进到西域，回纥九姓部落聚集十万之众迎战。薛仁贵率先出兵对阵。回纥军派十多名勇将出阵挑战，为首一将横刀勒马，大声喝道：“唐军鼠辈，快来送死！”薛仁贵一见来将如此无礼，当即挽弓搭箭，对准他的咽喉射去，一声弦响，来将翻身落马。回纥众将催马向前救护，薛仁贵又乘势连发两矢，射倒了两名将领，其他将领慌忙拨马而逃。只此三箭，使回纥九姓部落吓得魂飞胆丧，相继向唐军纳款投降。

唐军未经激战，便使天山南北广大地区平定了下来。当时军中作歌称赞道：“将军三箭定天山，壮士长歌入汉关。”历史上无论是英雄或是枭雄，都有一个相同的特点，那就是有自己的专长，或是精于隐匿与刺杀，或是勇武超人，或是箭术超凡……他们凭着一剑封喉的武艺震慑敌胆、成就威名。

军营流行这样一句兵谚：当兵不习武，不算尽义务；武艺练不精，不算合格兵。老连长雷豫的话更是掷地有声；“咱当兵干啥来了，就是为了打仗的！”我军的职责是“巩固国防，抵抗侵略，保卫祖国，保卫人民的和平劳动”。这一神圣使命，维系着国家、民族的安危、兴衰。当每个青年立定志向，为了祖国和人民的利益依法服兵役时，就应把培养自己过硬的专业技能，当作一项重要任务来完成。

在构成打赢能力素质诸要素中，军事专业素质是军人的看家本领。邓小平同志指出：部队军事素质不好，本领不过硬，国门就会不牢，人民就会整天提心吊胆，怎么能专心致志地搞社会主义现代化建设？俗话说“艺高人胆大”。作为拿枪杆子的军人，战场上面对的是生与死、血与火的考验，这要求我们素质不仅要强，而且要硬，关键时候才能拎得起、砸得响。一个军事上硬邦邦的军人，才是一个合格的军人；反之，如果没有过硬的本领，持枪打不准靶，对着地图标不出位置，抱着计算机不会按键盘……那么，即使你满怀履行职责的豪情壮志，也终将因缺少应有的本领而无法完成担负的任务。

在我军军史、战史上，武艺高强、一招制敌的英雄不胜枚举。平型关大战，连长龙书金率连队进攻日军一个阵地，日军火力凶猛，就是攻不下来。龙书金仔细观察，看见远处的小山包上有两个人影，一个举着望远镜，一个拄着指挥刀，龙书金从战士手里取过套筒枪，“啪啪”两枪，两人应声而倒——头目一死，敌人溃不成军。红军时期龙书金就是射击标兵。红军到陕北后开运动会，龙书金是射击代表。黄土岭上，八路军战士李二喜以最快速度沿距定向，调整炮位，手起弹出——“哐哐”，两发炮弹不偏不倚，像长了眼睛一样在院内开花，日军“山地战专家”命丧山地。日寇哀叹“名将之花凋谢在太行山上”。当年击毙日军中将阿部规秀的那门迫击炮，如今成了国家一级文物，陈列在中国人民革命军事博物馆中。

再看李云龙“双手握刀，刀身下垂到左腿前，刀背向着敌人，而刀锋却向着自己，几乎贴近了左腿。日本军曹怎么也想象不出以这种姿势迎敌有什么奥秘，他不耐烦了，“呀”的一声倾其全力向李云龙左肋来个突刺，李云龙身形未动，手中的刀迅速上扬“咔嚓”一声，沉重的刀背磕开了日本军曹手中的步枪，一个念头在军曹脑子里倏然闪过：坏了，他一个动作完成了两个目的，在扬刀磕开步枪的同时，刀锋已经到位……他来不及多想，李云龙的刀锋从右至左，从上而下斜着抢出了一个180度的杀伤半径。军曹的身子飞出两米开外，还怒视着李云龙呢。”李云龙是《亮剑》中塑造的典型人物，但现实中确有原型可考。他精湛的军事技能，更是我军将士的杰出代表。

朝鲜战场上，不乏这样的士兵传奇。有一个名叫谭秉云的士兵，凭自己1个人，1支枪，3颗手雷，整整把美军的第二师堵截了8个小时，成功掩护了我大部队的安全转移，他创造的简直就是世界战争史上的奇迹。后来这个美军师的师长听说他的敌人不过是一个中国士兵时，他根本无法相信这个士兵创造的奇迹。还有超级狙击手张桃芳。张桃芳，1952年9月随部队入朝参战。1953年1月进入597.9高地，他当时只有22岁，从未参加过实战。1月29日第一次参战，连放12枪却未伤一敌，还差一点儿被敌人冷炮炸伤，但他经过适应训练、分析总结，很快进入角色，第二天就击毙1名美军，随着实战经验的不断积累，他的杀敌数字也与日俱增。他还曾与敌人派出的“反狙击手”上演过一场两个顶尖高手之间的精彩对决，结果张桃芳技高一筹，将对方击毙。一个投诚过来的敌军士兵说：“我是新兵，刚到前沿的时候，老兵就告诉我，没事就乖乖地蹲在工事里，别到外面去乱跑，志愿军的冷枪可真厉害，说打你的头就不会打在你的脖子上！”据统计，张桃芳实际参战时间只有32天，累计耗弹442发，毙敌214名，个人消灭的敌人就差不多等于两个连了。他的这一战绩，让他成为世界十大狙击手中唯一上榜的中国人。他先后荣获志愿军特等功臣、朝鲜一级国家勋章。

我们常说："有什么样的武器打什么样的仗，有什么样的条件打什么样的仗。"但历史与现实也一再告诉我们："器"不在多，精准就行。"一样的武器可以打不一样的仗，一样的条件可以打不一样的仗"。关键是要看我们有没有在深钻细研战争制胜机理上下足功夫，在活学活用制胜机理上获得新境界。"工于痴、精于专"。如同孔子学琴，不满足于掌握一般的弹奏技巧，而是要揣摩神韵，由曲悟人。革命战争年代，我军之所以能够凭借"小米加步枪"打败"飞机和坦克"，实现以弱制胜，以劣胜优，与我军指挥员善于在学习和实践中苦练杀敌本领，精武强能是分不开的。比如，张桃芳使用的是一支苏制1944年式骑枪，这种枪枪管较短，散布面较大，如果不是他的天赋加上后天的刻苦训练，是很难取得这样的好成绩的。刘伯承元帅指出，要将技术练成如用筷子吃饭的样子。咱们用筷子吃饭时是"百发百中"的，要吃哪一块儿就夹哪一块儿。只有时常练习才能熟练，只有熟练才能生巧。这种把手中武器装备练纯熟，简单招数练极致，发挥最大效能，以劣胜优打胜仗的本事和追求，是我军在长期革命战争中形成的优良传统，必须倍加珍惜，不断发扬光大。

军人向来把手中武器看作第二生命，总是对武器充满着特别的情感。电影《一代宗师》中，有句对白令人感动："念念不忘，必有回响，凭一口气，点一盏灯。"对于一名军人而言，念念不忘的就是对手中武器的用心和专注。凭借这一点，一个炮手可以贡献威力无比的炮弹，一个枪手可以贡献精准无比的子弹，一个炊事员也可以贡献保障打仗的一顿美餐，一个铁甲修理技师也可以成为"铁甲神医"。

在某一行业里，能被奉为"神"的，不是始祖，就是道行奇人。一级军士长赵宗刚被官兵们奉为"铁甲神医"。他能"神"到什么程度呢？说是给铁甲诊病，他可以戴着一个医用的听诊器只听听发动机，就能知道哪个地方出了故障。有一次，他在北京保障阅兵村的装备，突然一辆装甲车出了问题没人能解决。后来人们就找赵宗刚，用手机对着发动机，让他听声。赵宗刚屏气凝神听了片刻，他说你们查一查节气门的问题，结果发现就是节气门堵了。真是神了！谈起如何被官兵们尊称为"神"，赵宗刚的一番话也许是最好的注脚：他说："你知道吗，我现在职业性耳聋，我听你说话都要这样听，但是我听发动机的声音却异常的敏感。我有一次外出参加学习班，完了以后有一个月没有听发动机的声音，我心里这个抓肝挠肺啊，我就好像母亲听自己婴儿的啼哭一样，一天不听心里头就难受。"焊接微小的焊缝时，怎样确保眨眼瞬间没有闪失？火箭"心脏"的焊接人高凤林说，"如果这道工序需要十分钟不眨眼，那就十分钟不眨眼"。这十分钟换来的是航天制造"零失误"的标准，源于他自入行时从姿势到呼吸，从动作到心态都千锤百炼、超然众人。这就是"铁甲神医"赵宗刚、"大国工匠"高凤林所始终"念念不忘"的。

军政兼通、指技合一的过硬本领，是新时代每一位革命军人的不懈追求。《解放军报》曾刊登一系列“强军先锋”始终把目光锁定未来战场，练本事、强素质，矢志打赢的故事。

“火力支持组加强观察警戒，通信雷达组进行比对查证，登临查证组准备出击。”亚丁湾，中国海军第十三批护航编队对商船临检演练正在紧张进行。我海军衡阳舰驾驶室，一连串指令熟练地从一名海军上校口中发出。现场指挥的正是该舰政委蒋军。

“立说立行争朝夕，真学真练打胜仗。”护航期间，他组织政工干部与军事干部结对子，带头值军事副班、开展实际使用新装备训练……护航 196 天，蒋军牵头研究演练了“护航任务中临检拿捕行动的政治工作”等 24 项新课题，受到上级机关肯定，并编印成册下发部队。

在一场单舰攻潜演练中，面对神出鬼没的“水下杀手”，蒋军在作战指挥中心配合指挥员研究战场态势、制定作战方案；到声呐部位与官兵一起分析声呐信号，判明目标性质……一回回准确判明敌情，一次次果断处置，折射出一名高素质政工指挥员的胜战追求。

维和士兵刘庆忠凭着精湛的技能，在国际扫雷界树起了中国军人的好样子，也为“人剑合一”做了最生动的注脚！

刘庆忠以一名士兵身份成为中国援外扫雷专家组成员。任务是指导泰国军方扫雷并帮助其培养专业扫雷骨干。在教学集训过程中，泰国扫雷行动中心主任唐龙萨·戴蒙柯少将悄悄在训练作业区埋了一块指甲盖大小的金属片，试图检测一下我准备赴泰执行任务人员的专业水平。刘庆忠仅用了 5 分钟时间，就将金属片探出递给唐龙萨·戴蒙柯将军。戴蒙柯将军接过自己刚埋下的那枚金属片，亲切地伸出右手，握着这位出色的中国士兵刚刚刨过土的手高兴地说:“你很棒，我很满意，你很棒。”

一次模拟地雷搜排训练，泰国学员探漏掉一枚 72 式防步兵地雷，探了好几遍也没有找到。刘庆忠检查探雷器，发现是探雷器没有调节好灵敏度的问题。他认真给泰国学员讲解了正确的调节方法，经过一番调试，在 1 平方米的地方，耳机发出报警信号。刘庆忠熟练运用十字交叉定位判断出地雷的位置，准确找出地雷，泰国学员们响起热烈的掌声，竖起大拇指“刘老师，very good!”

在泰柬边境雷场实际作业时，刘庆忠正在一块儿坡地上给泰国学员进行扫雷技术示范。突然，扫雷耙钩出的一颗手雷，顺着坡骨碌碌往下滚去，手雷的拉火环拖了出来，几米外就有几名泰国学员在作业。“快闪开！”刘庆忠一边大声招呼学员，一边不顾一切地扑上去，一把抓住手雷，控制了拉火环，避免了一场可能发生的意外事故。

泰国学员感动地说:“我们从刘庆忠身上不仅学到了精湛的扫雷技术，还强烈感受到了中国军人的平凡和伟大！”

刘庆忠报以一笑：中国军人都这样！

8 e时代，打仗还要不要好身板

媒体上形容“90后”的年轻人是吃着薯片、玩着芯片、看着大片长大的，他们大多是独生子女，像温室里的花草不皮实，而“90后”兵入伍时身体素质普遍较弱，站军姿晕倒，五公里越野跑不下来……还有一些认识误区：过去长征飞夺泸定桥、“奇袭白虎团”十多个小时奔袭直插三所里，靠的是“好身板”“铁脚板”，未来战争主要靠高技术兵器、靠智力，体力格斗、白刃拼杀比过去减少了，体能还那么重要吗？

强健的体魄，永远是打胜仗的本钱

“身体是革命的本钱”。军人只有身体健康强壮、精力充沛，才能平时超负荷工作，战时排难履险战胜对手。

这一幕尤为难忘。平汉铁路西侧，一队红军战士手握长枪，等待命令，准备向铁路东侧的敌人阵地发起攻击。17岁的新兵程世才，一只手撑着掩体，一只手拎着枪，双腿弓起，两只眼睛紧紧盯着敌人的阵地。“冲啊——”班长的命令还没有喊完，程世才已经拎着步枪弹簧似的跳出掩体，跑起来像一阵旋风。他个大，腿长，速度快。他冲锋时的冲击速度，如果有人卡着秒表计算，可能是会破世界短跑纪录的。他喊着杀声，远远地跑在队伍前头。直到两条枪横在面前，他才一个“急刹车”停了下来。一个国民党军官用驳壳枪指着他，说：“举起手来！”他条件反射似地服从着敌军官的命令，慢慢地把枪举过头顶，不经意间，他的右手食指扣动了扳机。

这就是红军战士程世才第一次跑步参加战斗的故事。

红四方面军和中央红军胜利会师的时候，年仅 23 岁，长枪不离手的红军军长程世才，引起了毛泽东的关注。他紧紧地握着程世才的手说：“你这个军长很年轻啊，长枪不离手，是军长，也是战士，好！”

如果说开国将军程世才的“腿”功是个例的话，解放战争中的清风店战役则是两军“腿”功大比拼。战役之初，我军猛攻徐水，后为诱敌西进，我军便进行转移。蒋介石急令石家庄第三军北犯，估计 19 日可到方顺桥。我军除留一部分牵制敌人外，其余立即强行军，调头向南疾进，决心歼敌于方顺桥以南地区。敌到方顺桥不过 90 里，我军的行程则在 200 里以上。我军能否在一昼夜走完这段路程，是战役成败的关键。为了同敌人进行时间赛跑，战士们以惊人的毅力飞速前进，一昼夜急行军走完了 250 里路程，提前 6 小时到达。而敌人则在途中缓行，19 日当得知我军已抢占了方顺桥以南有利地形后，立即在清风店以东地区组织防御。我军便乘敌立足未稳之机迅速发起攻击，结果，敌军全部被歼灭。连敌人也不得不佩服道：“共军真神速也！”参加渡江战役的战士们曾自豪地说：“我们的大腿不简单，10 天追了

1300。”

战争年代，靠着一双双铁脚板，跑赢了敌人的汽车坦克，为作战行动，赢得了时间，赢得了空间，赢得了一个又一个胜利。王老九《歌唱人民解放军》就有这样的歌词：“人民的队伍是好汉，个个长着铁脚板。”如果指战员没有很好的身体素质，很难完成作战任务，胜利也只能是奢谈。

朱德元帅曾说：“体力不好，再有勇气，再勇敢，也是空的。”体魄是军人遂行任务的基础。在一定程度上说，体能低下，是对打赢不负责任。某报就“是什么让我丢掉了‘性命’”作追踪报道，对朱日和对抗演习中的败仗，请当事人提问题，查原因，吃堑长智，以利再战，引起广泛关注。其中有这样一个故事。说的是某装步七连指导员李伟是国防生干部，体能是他的弱项。到部队后，他庆幸自己“幸好当的是装甲步兵，要是摩步，我肯定被淘汰了！”一次实兵对抗中，坐在连指挥装甲车上的李伟，遇到的第一个战场就是一片浮雷场。“全员下车，排雷。”李伟和官兵一道，一趟趟往返搬运浮雷。20多分钟后，他已经累得气喘吁吁了。这时，突然遭到蓝军远程炮兵火力拦阻射击，连长命令全员登车，火速脱离。为开辟雷场通道，已经落在后面的李伟见情况危急，立刻用电台通知连长快走，别因等他造成无谓牺牲。战车越驶越远，李伟和一名战士只能采取跃进的方式，在后面跑步跟进。

战场瞬息万变，当李伟好不容易追上连队才发现，全连装备战损严重，人员都被打散了。此时，李伟体力已消耗很大，跑得上气不接下气，可吃紧的战斗逼得他还得继续向前冲锋。在和战士合力击毁一辆蓝军坦克后，李伟的体能几近极限，动作明显变慢。就在他们准备休整时，左前方突然出现了小股蓝军，李伟和战士分两个方向撤退，结果战士体力充沛，经过左冲右突很快全身而退，而李伟却因无力逃跑被蓝军 4 名战士合围。

演习结束后，李伟感慨万千，写下了这样的“生死感悟”：体能、技能、智能，是构成单个官兵战斗力的重要内容，哪一项不过硬，最终都会成为战场上的致命弱点。如果当时我体能充沛，完全可以摆脱已经处于守势的蓝军。在随后的复盘检讨中，好多官兵也谈到这个问题，面对高强度、长时间的对抗，很多人都因为体力不支，导致反应变慢，枉死在战斗中，现在看，技能、智能都离不开体能这个基础。

现代战争空前严酷，对军人的体质提出了更高的要求，尤其是广大的基层官兵，在战争中要承受住很大的精力和体力的消耗。1982 年英阿马岛之战，敌对双方都经历了艰苦的海上和海岛生活，英军在连续航行 800 海里的情况下，还能负重行军，在严寒、阴雨等恶劣的气候下越过沼泽、泥泞，登上马尔维纳斯群岛。2001 年伊拉克战争中，美英联军在恶劣的气候和环境条件下，以每天 150 千米的速度向巴格达推进，仅 24 天就结束了整个战争。

无论战争形态如何演变，强健的体魄都是生成战斗力的有效载体，是军人物质力量的体现，是战场对于军人生理能力的一项基础的、必须的要求，也是衡量一支部队战斗力的重要标准之一。2015 年俄罗斯国际军事比赛激战方酣，中俄等 17 个国家的代表队在半个月的时间里，围绕“坦克两项”“航空飞镖”等12个项目展开的激烈竞争中，体能角逐贯穿始终。未来信息化战争，节奏更快、强度更高、战场环境更为险恶，虽然武器和智力的作用明显上升，但军人健康的体魄与身体的灵活机动性仍然是军队战斗力的重要组成部分，必须坚决摒弃那种“文弱书生就可以打胜仗”的片面认识。试想，无论你是警勤专业、导弹专业，还是汽车专业，搬轮胎没有臂力搬不动，抬导弹没有力量也抬不起来，即使你是“网络尖兵”，只需敲敲键盘，假如没有强健的体魄，也容易力不从心……

亲爱的战友，你准备好了吗？

军人比的是力量不是重量，需要的是肌肉而不是肥肉

《左传》记载，公元前510年，军事家孙武在训练吴国军队时，让兵士身穿甲胄，手执戈戟，进行长距离奔跑的强身训练。后来的魏国为了提高军人的身体素质，命令士兵全副武装，身背干粮，每天奔跑一百里。这可以称作是最早的武装越野吧！在一些古代兵书里，都把“愈高超远”“轻足善步”“走如奔马”作为强兵的训练目标。

《六韬》中，专门写了“练士”一节，其中讲到有勇士之力；《练兵实纪》中，以四条的篇幅论述了要“练心力”“练手力”“练足力”“练身力”；善于用兵、料事如神的诸葛武侯还在一条军令中规定，“选三部司马皆限力举二百斤以上”，把体力强弱作为选用军事人才的一项硬指标。如今，广东汕头南澳总兵府的“练兵

石”静静诉说古代军人强身健体的故事。

战争年代，尽管战事频繁，条件艰苦，但是我军老一辈将帅，仍想方设法、因地制宜地组织开展体育训练。红军长征结束后，红军大学在瓦窑堡举行了体育竞赛会。1942年，毛主席号召全体军民“锻炼体魄，好打日本”，并亲自参加群众性的游泳、球赛等活动，大力倡导强身习武之风，使广大官兵在物质条件极端困难的情况下，保持了较好的身体素质。

那么怎样才算是健康的体魄呢？

据有关资料显示，良好的身体素质主要体现在以下四个方面：（1）生理健康。人体生理组织疾病（细菌、病菌、寄生虫）具有抵抗能力。（2）体力较好。有持久的耐力素质、力量素质和快速反应的速度素质。（3）体能良好。动作准备性素质较好，有较好的灵敏性，身体各部分配合能力强。（4）精力充沛。在处理日常事务、大项工作、学习、娱乐和人际交往中精神饱满，状态良好。《军事体育训练改革发展纲要（2015—2020）》对全面提高广大官兵身体素质，提出具体明确要求。比如，《纲要》明确提出，在全军逐步推行军人体重控制计划，实行体重强制达标制度，把军人体重达标与晋职晋级晋衔挂钩。这既是降低因体重超标带来健康风险的客观要求，也是维护军人良好形象的治本之举。

试想，一个个身着军装的“胖墩儿”在军营中行走，一队队全副武装的“胖哥”在大街上巡逻，一群群荷枪实弹的“肥仔”在战场上冲击，何称威武之师？何来披坚执锐之旅？

有营养专家感慨，“肥胖正迅速成为威胁国家安全的问题”。各国军队先后向“大肚腩”宣战。俄军从2009年开始执行更为严格的身体素质标准，要求体重超标的官兵重视健身训练。美国的西点军校有这样的做法，每个月都由一名医生为学员检查体内的脂肪含量，一旦超过22%，医生就命令他加强体育锻炼，并且严格规定饮食。考夫曼校长强调：“身体素质在紧急关头决定着人的生死存亡。”同时，美军专门有一项关于军官体重标准的规定，军官体重超过规定的标准，就影响晋升。2003年，美军就有3000多人因体重原因被迫离职。海军作战部原副部长四星上将亚瑟曾被提名担任美军太平洋总部司令，但由于体重超标被迫提前退休。《中国人民解放军内务条令（试行）》明确规定，军人应当严格执行通用体能训练标准，落实军人体重强制达标要求。体重不合格者个人军训练成绩不能评定为合格，并与士兵考学提干、军官晋级晋衔等挂钩。

有关专家试验证明，属于肥胖型的人，连续72小时不睡觉，就会丧失对外界事物的判断和决策能力；体质较弱的人，在零下34℃的严寒中就会出现危险；而体魄强健的人，连续工作很长时间，仍有一定的判断和决策能力，在严寒条件下也不会出现危险。在当年的阿富汗战场上，德军有40%士兵的体重严重超标，致使他们在阿富汗山区的作战行动屡屡受挫、损失惨重。可见，对于经常要与恶劣环境和种种困难斗争的军人来说，强健的体魄是何等重要。

恩格斯在《军队》一文中阐明了一个十分引人注目的观点：增强体质就是提高战斗力。在这篇文章中，恩格斯详细地描述古罗马军队体质训练的方法以后指出：“训练是非常严格的，目的在于用一切可能的方法增强兵士的体力……以使保持充沛的体力和灵巧，养成吃苦耐劳的习惯。这样的兵士确实能够征服世界。”为了提高官兵的体力、耐力，各国军队都普遍重视进行高强度的训练。如美军官兵的体能训练时间年平均在 510 个小时以上。英军每年都要派部队到地处北极地区的挪威北部进行为期三个月的适应性训练，锻炼部队忍耐严寒的能力。俄罗斯驻远东地区的部队规定士兵冬季要用雪擦身，在严寒中露宿，有的还进行赤膊滑雪。我军向来有“冬练三九，夏练三伏”的传统，有的部队还把官兵拉到戈壁荒漠、深山老林、孤岛礁盘训练，在恶劣环境中磨炼官兵的钢筋铁骨和野战生存能力。

现在，有些青年官兵刚出校门就进营门，缺乏艰苦生活的磨炼，尤其要利用部队严格军事训练的机会来锻造自己强健的体魄。军营需要真正的男子汉。

从清华大学走进军营的连长覃文强初入军旅“糗”事真不少。第一次叠军被，班长说他叠的被子像面包、像坦克，为班集体拖了后腿。第一次紧急集合，所有人都打好背包到门外集合完毕，他的背包刚背起来就散了。第一次爬绳网，爬到顶不敢翻下来。“清华的大学生也不过如此嘛！”刚开始战士们还比较高看高学历干部，过了一周似乎发现没有想象中的那么厉害，私下里便有了议论，眼光也有了置疑。作为连队干部，覃文强都不敢看战士们目光中的不满，暗下决心别人能做到的我一定也能做到。不管你是博士还是硕士，必须首先成为一名合格战士。他主动给自己加压，加大训练强度，增加训练时间，中午抱着一箱手榴弹去投，或者加班加点叠被子。我们常讲“当兵不怕苦，怕苦不当兵”。男人，就要对自己狠一点！通过一段时间的训练，他的体能在三个月的时间里就赶了上来。

五公里越野考核时，他同时担任指挥员、宣传员、体力员。肩上扛了一个火箭筒、一支步枪，最后在冲刺的过程中还接过一挺机枪。大家觉得这个连长不仅能尽快摆脱拖队尾的情况，还带领大家取得了好成绩，在战士们的欢呼声中，覃文强奋力冲线的那一刻，战士们看见：他的眼泪在飞！

现在社会上流行一种称呼叫“女汉子”，女军人该不该做“女汉子”？全军爱军精武标兵、空降兵某部女战士杨晓林的理解是：我觉得女汉子应该是思想独立、经济独立、能力独立。我们女军人既有刚强的一面，敢和男兵比高低，也有柔情的一面，向往花前月下的浪漫和细水长流的温情，就是一肩担风雨一肩担柔情。在部队，跑三公里五公里的时候，我们女兵敢与男兵叫板；叠伞的时候，女兵既讲究质量也讲究速度；在空中的时候，女兵会去和男兵比技能。战场是不分男女的，子弹也不会因为我是女兵而拐弯。所以我们女军人在演训场，一定要和男兵比高低，做一名能打胜仗的女汉子。

其实，杨晓林当初在训练的时候也哭过，就是在拉单杠的时候，因为个头比较矮，够不着单杠，所以有空就蹦蹦跳跳，练自己的弹跳力，持续一个礼拜的时间，就够着单杠了。平时再做一些辅助练习力量的，像举哑铃、俯卧撑等，练了三五天，她成为同年兵里面第一个拉上单杠的，当时很有成就感。有一次拉单杠她一下子拉了 11 个，这时班长把她拽下来了，说男兵都在看着你呢！她回头一看，“小伙伴们都惊呆了”，队里的男兵们不自觉地一字排开，个个张大了嘴巴。因为当时男兵的标准是 8 个，从此以后男兵就给她取了个外号叫“小猛女”。她希望自己拉单杠能突破 20 个，因为班长说女兵班有个班长拉单杠拉了 20 个，至今没人打破这个纪录，她就想拉 20 个以上，打破这个纪录，成为女兵班的“第一人”。

诗人马雅可夫斯基曾充满激情地赞叹：“世界上没有任何一件衣衫，能比健康的皮肤和发达的肌肉更美丽。”美丽的青春和身上的 6 块腹肌，是战士们一个接一个俯卧撑和仰卧起坐，再加上一个五公里越野，日积月累，一点一点“喂”出来的。

安徽省南陵县人武部政委杨玉国现身说法，为“军人生理学”代言，他在文章中写道：

1998 年，我还是军校学员，一次，《新闻联播》报道说，一个被称为“硬骨头六连”的陆军连队，在九江大堤的决口连续奋战 70 多个小时，无一中暑晕倒。

这符合生理学吗？带着疑问，到部队任职后，我问过许多当年参加抗洪的老兵，他们几乎众口一词：“那三天三夜确实比较辛苦，但与连队‘单兵体能一条龙’强化训练比，并不算什么。”老连长的口头禅是“兄弟们，先跑个五公里，活动开了好训练”。

2000 年，我是“硬骨头六连”的排长，负责新兵训练。一天中午，新兵组织耐高温长跑训练，排里 30 个新兵中暑晕倒 6 个。训练形势分析会上，没有一个人说训练不科学，一致认为强度不够，下午继续训练。那年底，全团战备拉动，连队官兵徒步行军

50 千米后，集团军突然要考核连队全副武装五公里，我们自己都不相信，竟然跑出来当年最好成绩。

2005 年，我已经是“硬骨头六连”第 39 任指导员。这一年连队以命名日的纪念方式，与兄弟连队比武，具体课目是：紧急集合、全装 8 公里奔袭、攀岩、轻装五公里、轻武器射击和渡海登岛 400 米障碍，又是一个“一条龙”。比武前，一个湖南兵阑尾炎手术 7 天后主动归队参考；奔袭中，一个辽宁兵替体弱战友扛了 2 个背囊和 4 挺轻机枪；穿越障碍时，一个福建兵鞋子跑掉了来不及穿，别在腰里跑完最后 100 米，跑道上煤渣刺满脚底，鲜血淋淋……离开连队很多年后，我经常会做同一个梦：全连紧急集合进行五公里武装越野……

部队是年轻人的天下，有些同志虽然“临时”胖了一些，但都有很好的“底子”，只要用打仗的观念支撑，用勇士的决心锻炼，用科学的方法调节，经过一段时间的刻苦训练，不仅会把多余的脂肪减掉，迈进标准体重军人的行列，也许你还会像杨玉国一样收获意想不到的“功力”呢！

青年战友们，经过刻苦的训练，作为奔跑在这绿色行列中的一员，你也能行！

9 内心强大者，沙场胜算多

古往今来，战争几乎都是在两条战线上展开：在战场拼杀的同时进行着心理上的较量。人类历史上的每一场战争，都不仅仅是军事、政治、外交以及军队数量的较量，在一定意义上也是作战双方心理素质的比拼。

现代战争对军人的心理素质提出更高的标准和要求。青年官兵不经过硝烟味的熏染、枪炮声的锻炼，到了真刀真枪上战场冲锋陷阵的时候，你的小心脏能否扛得住？

战场上的比拼，既是火力的比拼，也是心理的较量

毛泽东同志在《论持久战》一文中指出："力量对比不但是军力和经济力的对比，而且是人力和人心的对比。"其中所讲的"人心"，既是人心向背的意思，也包括敌我双方具备的心理因素。

解放战争时期的新保安战斗，就出现了敌我双方比拼心理素质的惊人场面。

1948 年 12 月 22 日，平津战役的第一场战斗在新保安打响了！我第 8 纵队第 23 旅 68 团，担负攻击城西北角的任务。

9时，68团一营二连开始爆破城墙。由30名勇士组成的爆破队，三人一组，每人背着50斤的炸药包，在火力掩护下，依次向城墙跃进。

第一组三名勇士跃进距城墙30米时，敌人的所有火力点猛烈射击，三位勇士被击中牺牲；第二组接着在弹雨中向城墙下迅猛跃进，三名勇士先后倒下；第三组继续勇往直前。敌人的火力越来越猛。只见我三名勇士匍匐前进，当接近城墙20米时，敌人城墙底部的暗火力点突然开火，三名勇士倒在距城墙10余米的地方。

连续三个组九名勇士壮烈牺牲，怎么办？

战斗挫折考验着连、营、团三级指挥员的决心。在前沿指挥的营长连长相互对视片刻，咬了咬牙："上！"

第四组三名勇士像离弦的箭，冲向城墙，中途，组长两腿负重伤，他一挥手，跟在他后面的两名战士继续向城墙接近，当前进至距离城墙七八米时，两名勇士一名负重伤，一名牺牲。

前仆后继的第五、第六组同样遭到敌人猛烈火力封锁，在前进中四人负重伤，二人牺牲。

时针已经指向12点，爆破8次都没有成功，爆破手大部分牺牲。爆破队只剩下副班长许学顺和三名战士（另两名战士在出发前被敌人炮弹击中负重伤），能不能完成爆破任务，就看这最后几个人了。

曾绍东团长径直来到营指挥所。如果完不成上级交给的攻入新保安的战斗任务，是全团的耻辱，而炸开城墙是攻进城内的关键，可是，眼下只有一个爆破组了。此时此刻，他必须扛得住这精神上的千钧重担。既不能优柔寡断，束手无策，又不能鲁莽蛮干，全团一拥而上。他必须冷静思考，拿出办法在最后关头完成战斗任务。

在前方，最后一个爆破组组长许学顺，同样承担着巨大的精神压力。目睹此前 8 次爆破，20 多名战友牺牲和负伤的残酷过程，他明白这最后完成爆破任务的重担压在了自己的肩上。摆在他面前的只有两条路：要么完成任务，要么牺牲，没有任何别的选择。

为了在最后时刻完成战斗任务，许学顺向营、团领导报告了敌人的火力封锁情况和爆破不成功的原因，并且建议：由他一个人去执行爆破任务，同时说明了完成任务的方法。曾团长当即批准了许学顺的建议，叮嘱他如何对付敌人从城墙上扔下来的手榴弹，并且鼓励他圆满完成任务。

在此关键时刻，许学顺一个人背起两个炸药包，在出发前他大胆地点燃了炸药包上的导火索，快速冲入敌人的封锁线。正当许学顺背着嗤嗤冒着白烟的炸药包冲向城墙的瞬间，敌人猛烈的火力突然戛然而止。

说时迟，那时快。许学顺乘机噌、噌、噌迅捷地冲到西北角北城墙根处，把炸药包靠在墙根下。“轰隆”一声巨响，炸开了一个突破口。随着冲天的烟柱，68 团尖刀连和后续部队乘烟幕冲进。新保安战斗胜利结束。

战后，许学顺荣立大功，被授予“爆破英雄”称号，参加了第一次全国战斗英雄代表大会。

在团司令部战斗总结时，大家分析为什么正当许学顺背着炸药包冲向城墙时敌人突然停止射击的原因，一致认为：敌人看见许学顺背着嗤嗤冒烟的两个大炸药包接近城墙时，以为是要与他们同归于尽，吓得扔下机枪，掉头就跑，刚跑出十几米远，又被督战的军官驱赶回来。就在这一瞬间，许学顺已经乘机冲到城墙底下。后来，询问被我军俘虏的敌军官，证实了这个判断是准确的。

张民在《能打仗打胜仗》一书中，对这一著名的战例进行了较为详细的记述。他感慨地写道：战斗经验丰富的人，都懂得一个这样的规律：当战斗打到最激烈、最困难的关键时刻，往往看谁能够坚持到最后一分钟，胜利就是属于谁的。可是，在那硝烟弥漫、血肉横飞的最后一分钟的关口上，要顶得住，心不慌，手不软，坚持到最后一秒钟，关键就看你有没有坚韧、过硬的心理素质。

在我军战史上这样的光辉战例很多。朝鲜战争结束后，那些没被歼灭的美军士兵谈起志愿军的冲锋仍然心有余悸："前面的士兵被打倒，后面的士兵仿佛没有看见，依然拼命地往前冲。攻击从不停止，除非冲锋的士兵被全部击毙，或是最终夺取阵地。天啊！这样的冲锋比拥有强大的火力更可怕。""联合国军"们不仅被志愿军战士勇往直前的冲锋吓破了胆，就连半夜胶鞋的底子踩在冰雪上那种沙沙的声音也让他们魂飞魄散。可见，心理这只"看不见的手"无处不在，悄无声息地影响着军队的战斗力和战争的胜负。

在现代战争中，心理这只"看不见的手"越来越受到战争之神的垂青，对心理进行攻击成为双方作战的优先选择，心理战逐渐成了现代战争的"无形杀手"。

1993年2月1日，非洲索马里地区飞沙走石，天昏地暗。突然，在弥漫的沙雾空中出现一幅面积大约为150米×150米的人头巨像……几分钟后，人头巨像变得越来越清晰，最后终于辨认出这是受难耶稣的形象。驻扎在这一地区的美国海军陆战队队员们见状一个个万分惊恐……事后，一个在场的士兵说："我虽不是最虔诚的宗教徒，但是当我看到神像出现在空中时脑中一片空白，既不能说话，也不能思维，不由自主地跪下了，并且泪流满面。"后来得知，此神秘巨像实际上是美国军方悄悄进行的一次全息摄影试验，这是一次运用现代高新科技手段以动摇士兵意志为目的的典型心理战试验。

在海湾战争中，以美国为首的多国部队先是对伊军进行电子干扰，使伊军指挥系统陷于瘫痪，而后对伊实施地毯式轰炸。这些高强度、高精度的空中打击，给伊方造成强大的心理震撼，伊军终日恐慌不安、焦虑、烦躁，精神低迷，军队不敢作战，逃离战场的士兵不计其数。同时，将高科技运用于心理战领域，利用现代传媒大搞心战宣传。比如，适时给伊拉克军官打电话，劝说他们不要使用生物武器、放弃抵抗、违背上级命令；发送电子邮件散布萨达姆死亡的谣言；战争后期发布"扑克牌"通缉令，使不少萨达姆政权的高官纷纷投降。这种现象不仅说明猛烈的军事打击对军人心理产生了强大的震撼力，同时它也让人们更加清楚地看到，心理战对于取得战争胜利的重要作用。

未来信息化战场瞬息万变，战争更为惨烈，对军人的心理、行为、情绪与意志的稳定性及个性提出了更高的要求。加强对青年官兵心理素质的培养锻炼，使其养成良好的意志品质，对于打赢未来的信息化战争具有至关重要的意义。

战胜对手，首先战胜内心

宋朝苏洵在其所著《心术》中指出：“为将之道，当先治心。”治心，就是要在提高心理素质上下功夫。“泰山崩于前而色不变”，是因为“无以颜，有所恃”，军人临危不惧，处乱不惊，是心理素质好的表现，这对才智、胆略的发挥和军事行动的成败有着重要影响。

《史记》载，飞将军李广任上郡太守时，一天，皇帝派到上郡的宦官带人外出打猎，遇到三个匈奴兵的袭击。李广大怒，亲自率领一百名骑兵前去追击。射杀了两名，活捉一名，正准备回营时，忽然发现从远处来了数千名匈奴骑兵。匈奴队伍也发现了李广，他们以为是为大部队诱敌的前锋，急忙上山摆开阵势，观察动静。

李广的骑兵非常恐慌。李广沉着地稳住队伍：“我们只有百余骑，离大营有几十里远。如果逃跑，匈奴肯定追杀我们。如果按兵不动，敌人肯定会疑心我们有大部队行动，他们一定不敢打我们。”于是李广命令这百余人前进，到了离敌阵仅二里地的地方，李广下令：“全体下马休息。”匈奴部将感到十分奇怪，派了一名军官出阵观察形势，李广立即命令上马，冲杀过去，一箭射死了这个军官。然后又回到原地，继续休息。匈奴部将见此情形，没敢轻易出击。到了半夜，匈奴部将怕遭到大部队的突袭，慌张地引兵撤离了。李广的百余骑兵安全返回大营。

军事工作和军事斗争是一种充满危险、困难和不确定性的事业，其间胜败得失、安危顺逆、劳逸优劣，不仅转换频率快，而且起伏大，这就要求军事指战员必须具备能够抵御一切压力和冲击的心理力量，以过硬的心理素质作支撑，担负起自己的职责和使命。否则，即使学富五车，到了关键时候，还是会被吓瘫、吓倒，不仅知识和经验发挥不了应有的作用，就连性命也堪忧。

在中外战争史上，像李广这样处变不惊，临危不惧的事例屡见不鲜。身经百战的贺龙元帅，在一次战斗中帽子被敌人的子弹打穿了，其他同志大惊，可贺龙元帅却若无其事地看都不看帽子，十分幽默地说："蒋介石还没有造出打我贺龙的子弹呢。"这种猝然临之而不惊，无故加之而不怒的心理品质，是我们学习的榜样。

军人心理素质过硬，必须具备"坚毅、沉着、勇敢、果断"的品质，具体地说，就是有较高的智力发展水平和较强的认知、学习能力；有坚强的意志品质；有积极、稳定的情绪、情感；有良好的人格及健康的心理状态，并具备勇敢顽强、临危不惧、机智果断、准时守纪等心理素质。目前，有不少青年官兵从小娇生惯养，对当兵打仗、戍边吃苦思想上准备不足，缺乏临危不惧、沉着坚毅的意志锻炼和性格养成。某医院心理专家在对一个装甲师官兵抽样心理测试中发现，在近似实战的军事对抗演习中，有一半官兵存在紧张情绪，有近 5% 的官兵存在恐惧、焦虑、失眠、做噩梦等心理障碍。因此，一位深知带兵之道的将军就此发出了一句振聋发聩的肺腑之言："战场恐惧症已成为战斗力的无形杀手。"

在一定程度上，心理素质的好坏，不仅影响着军人才智、胆略的发挥，影响着战斗精神的形成，还制约着连队训练成绩的提高和部队战斗力的生成。特别是高技术武器装备的复杂性，也要求军事人才具有良好的心理素质，战术技术水平才能更好地发挥出来。反之，则会因官兵心理素质差而出现不应有的失误，甚至导致整个战斗的失利。日本军事心理学家曾做过这样的实验：选择5名优秀军官，先测出他们在正常情况下的握力为101磅，对他们催眠后，暗示他们是软弱无力的，这时测得的握力只有69磅，随后又对他们加以诱导，暗示他们很有力量，并把他们各自上级军官请到现场，这时测得的结果是140磅，数字很好地说明，心理的好坏优劣程度直接影响到训练能量和作战潜力的发挥。

据资料显示，第一次世界大战时，协约国损失的飞行员中，被打死的只占2%，90%的飞行员是因为作战时情绪紧张，惊慌失措，动作不协调而机毁人亡的。第二次世界大战期间，仅美军就大约有100万人患“战斗紧张症”，其中45万人因患精神病而退伍，占美军因伤病而退伍人员总数的40%。我们部队在进行实弹投掷、实爆作业、实兵演练等军事训练中发生的意外事故，不少是由于紧张、恐惧等心理因素造成的。比如，同样是面对实弹射击，官兵在考核中的表现大相径庭。有的沉着不乱，准确运用动作要领，实弹射击完成得十分干净利落；有的在待击地域就浑身发抖，有的慌得子弹怎么也装不进弹匣，有的忘记了射击动作的基本要领，连单发、连发也分不清楚。

《心胜》一书的扉页上写着：战胜对手有两次，第一次在内心中。全军爱军精武标兵张华参加世界赛事的故事，与其说是同世界高手技术的比拼，不如说是战胜自我的较量。

2008年5月，我国第一次受到邀请参加世界军警锦标赛。张华很幸运得到选拔参赛的机会。结果——他落选了。用教练的话说是出枪草率、稳定性差、痼癖动作和国际射击标准不符，如果说动作不标准是功夫不到，而最关键也是最令他伤心的一点是他性格急躁，根本不能参加比赛。

那时，他腮帮子都快咬烂了，憋足了一鼓劲：一定要拿个冠军给大家看看！

一年后，他又参加了选拔，24 项心理测试、19 次射击考核，终于在一百多名武警官兵中脱颖而出，结果整个赛事下来他排在第 23 名，这个名次和我国的地位来讲相差甚远。事后，他总结说："打枪想多了会跑靶，得失想多了会走神。在国际赛场上不能光想自己，要想集体荣誉，我不能让国歌响起就是打了败仗，世界军警锦标赛是世界最高赛事，是武器装备、技术水平的较量，同时更是心理意志的抗衡。"

2001 年 5 月 8 日，他又一次光荣加入了国家队，一同比赛的有 14 个国家的 90 名选手，这里面有的打过越战，有的参加过伊拉克战争，有的处理过国际重大恐怖事件，有的甚至是军警锦标赛连续 3 年的冠军，可以说是高手云集。比赛第一天，他很幸运地打了满分，但是在第二天，天气变化比较大，有几个课目打得不好，成绩直线下降，与第一名相差 239 分。他的信心降到了零点。教练靠上去及时进行疏导："你要想战胜外部威胁，首先要战胜内心。""要战胜内心"。他趴在大雨中，心里默念着，枪管离积水只有 5 厘米，他整个下半身就没在水里，一连串的枪声在比赛场上响过之后，裁判员检靶，全体鼓掌。50 米打上了刀刃，打出的一颗子弹被刀刃劈成两半，从远处看靶纸上两个弹孔就像蝴蝶一样。第二课目是在 137 米的距离上打一个 17 毫米的弹壳，子弹打到弹壳以后在弹壳上留下完整弹着点，否则不得分。从开始到将弹壳打上弹着点他仅用了 3 秒钟的时间。这一次他创造了两个世界第一的战绩。他战胜了自己，赢得了比赛。当他如愿以偿地登上冠军领奖台，聆听着国歌铿锵奏响，仰望着鲜艳的五星红旗冉冉升起，泪水夺眶而出。

朱德元帅指出：练兵必先练心，这是中国的一句古话。所谓练心，就是通过学习、教育、训练和自我锻炼，培养良好的心理素质。

心理素质，归根结底是在实践中锻炼出来的。

当前，世界发达国家军队及我军面临的主要作战对手，在心理战力量建设上都采取了一系列重大举措。他们不仅完善了心理战力量指挥体制和力量编成，改善了心理作战的武器装备，而且，还形成了完备的理论研究体系和组织训练体系。

美军为使官兵具有战时良好的心理承受能力，挑战自我训练不仅情况近似实战，残酷程度也近似、甚至超过了实战。如在阿拉斯加进行的雪地作战训练，以“只要不死为原则”，参加训练的官兵身背武器装备和干粮，在零下40摄氏度的气温下完成登山、攀冰山、过悬崖、急行军、风餐露宿、隐蔽伏击等课目，通过挑战生理极限强化心理承受力。一位美军士兵曾在日记中这样写道：教官把每个人都逼到了疲惫不堪、濒临崩溃的边缘。

英军为使士兵“在战争中发挥最大作用”，加大对官兵的心理素质训练，包括对付敌方的宣传，采取的防范措施，进行情况通报等。目的是使士兵做好参加第一次战斗的心理准备，养成对危险和伤亡的心理稳定性。在历时两个半月的英阿马岛战争中，英军取得的战争成果，一定程度上归功于平时的心理机能训练。

“唐长春，好样的！”当某部特战一连特种兵唐长春在军区组织的侦察兵比武中，以19秒的成绩打破牵引横渡纪录时，战友们欢呼着把他抛向空中，为他喝彩。然而两年前的这位“横渡高手”却是这个项目的倒数第一。

唐长春从小就有些恐高，当上特种兵第一次参加野外牵引横渡训练时，望着深不见底的悬崖和随风晃动的绳索，心中满是恐惧。他沿着绳索颤悠悠地爬过悬崖，犹如穿过生死线一般，双腿一直打颤。为了帮助小唐克服心理障碍，指导员为他制订了详细的训练计划，定期进行心理调适，有针对性展开行为训练。唐长春也主动训练，采用“高度递进法”，先是将绳索距地面 2 米，练上一段时间后，升高为 3 米，经过不懈努力，唐长春终于突破了自我，克服了困难，很快在建制连比武中名列前茅，让人刮目相看。

当某旅反坦克导弹连战士董瀚宇将自己佩戴 2 枚三等功奖章的照片郑重地挂到连队荣誉墙上，旁边是他父亲董志明获得“神炮手”称号时的留影。一时间，一对父子兵、两代神炮手的故事，在该旅传为美谈。

“要成为真正的神炮手，必须练就过硬军事素质和心理素质，这样才能弹无虚发。”董瀚宇参军来到父亲曾操枪弄炮的连队，像父亲当年一样刻苦训练，细心揣摩体会“神炮手”父亲传授的训练经验。每次导弹发射训练，董瀚宇都先进行大强度体能训练，在心跳加快、呼吸急促的情况下练操作，他还经常利用风、雨、雾等恶劣天气训练，磨炼全天候发射本领，总结出搜、判、锁射击“三步法”。

全旅实兵实弹对抗演习，董瀚宇“临危受命”，带领全班在陌生地域开设发射阵地，第一时间发射导弹命中目标，他被集团军评为“爱军精武先进个人”。

董瀚宇觉得：老兵父亲的心理训练法真的很管用哦！

10 百人一杆枪，合力打胜仗

现在的青年官兵，自我意识强、个性强，团结协作意识相对较弱！信息化时代战争是体系与体系对抗。每一个战斗员都是整个对抗体系的一部分，正可谓一个班就是一个战斗单位，导弹、舰艇、战机等“百人一艘舰、千人一杆枪”。战则必胜，斗需群狼。如果把部队比作一座高速运转的信息化平台，那么每一名官兵都是这座信息化平台上的一个信息化元素；平台能否正常运转，取决于每一个元素作用能否正常发挥。

《孙子兵法》说“上下同欲者胜”，意思是说，一个军队上下团结，齐心协力就能够战胜强敌赢得胜利。吴起也认为“不和于国，不可以出军，不和于军，不可以出阵；不和于阵，不可以进战；不和于战，不可以决胜”。他提倡“父子之兵”“练锐”的治军思想，意思是说，建设一支内部团结得像父子一样的军队，训练得“轻捷善走”，能战能守，这样的军队就可以“技之所往，天下莫当”。

公元前575年，楚将潘党与养由基夸耀自己的射艺能力能穿七层甲页。他们对楚王说，就凭我们二位这样的本领，大王还愁

不能取胜于敌吗？楚王却斥责道：单恃匹夫之勇，这是对国家的污辱，明天一早你们就可能死在射艺上！果然，晋军针对楚军惯于在中央位置部署精锐的老套子，采取加强两翼，先从翼侧突破的战术，使楚军阵脚大乱，他们被杀得落花流水。当时的楚国兵马强悍，论个人技艺是第一流的，结果却打了败仗。

还有个现代的例子颇有意思。20 世纪 80 年代初，苏联飞行员别连科驾驶米格 –25 叛逃日本，美日专家对这种当时号称能以 3 倍音速飞行的战斗机视若珍宝。对其大卸八块后惊讶地发现，其设备中竟然还使用了落后的电子管，最终得出的结论是，米格 –25 战斗机优秀的性能主要归功于其系统设计，通过把一些平淡无奇的零部件耦合起来，增加“内聚力”“耦合度”，组合成性能超群、功能强大的整体系统。

这启示我们：军队是一台各部件严密分工的机器，绝不是单个力量的简单叠加，它需要的是整体配合、密切协同以及灵活的技术熔铸成的战斗集体。组合得好，协同得好，就会大大超过单个力量的和数；组合协同不好，则会少于这个和数。正如一个过河卒顶多出奇兵，只有越来越多的兵卒跨过河，奇兵分队才能构成精兵方阵。在这个方阵中，匹夫之勇已不足贵。拿破仑曾说，一千个骑术不精但协同一致的法国士兵，必能打败一千五百个最善于单个格斗的马木留克兵。道理也在于此。

明朝在戚继光以前，军队重视的是个人武艺，等到这些被招募的个个身怀绝技的拳师、打手等被有组织的倭寇击溃以后，当局才觉悟到一次战斗的成败并非完全决定于个人的武艺。戚继光组织新军训练时，除了要求士兵技术娴熟以外，充分注意到了小部队中各种武器的协同配合，每一个步兵班同时配置长兵器和短兵器，这种的配置由于左右对称而名为“鸳鸯阵”，在抗倭作战中屡败倭寇，打出了“戚家军”的威名。戚继光在《练兵实纪》中写道：

夫军士一人，不过一百斤力。如何比撼山难？盖山是土石，可以掘取钻挖；军士万人一心，一个百斤力，万个百万斤矣，如何撼得动。

继而号召“大家共作一个眼，共作一个耳，共作一个心，有何贼不可杀？何功不可立？”

众人划桨开大船，胜利不是孤独前行。如果说，在冷兵器时代，个人的技艺胆量尚且不能起主要作用的话，那么现代战争则是“体系一杆枪”“全局一盘棋”，战位分工日益精细化，更需要把每个指战员个人的勇敢和技艺，都纳入正规法则的规范之中，以高超的作战技能为基础，借助精确熟练地操纵使用战争兵器，从而形成有机合力来体现。

有这样一个社会学的问题，1+1+1 =？你若只是答“3”，那就有点简单化。一个皮匠加一个皮匠再加上一个皮匠等于什么？“三个臭皮匠，凑成一个诸葛亮”。在这种情况下，1+1+1 大于 3，正是在这个意义上，马克思认为：“12 个人在 144 小时的总劳动日中共同劳动，比 12 个孤零零的劳动者各自做 12 个小时或 1 个劳动者每日做 12 个小时连续做 12 日，会供给一个更大得多的总生产物。”

“只要你站在了军旗下，你就是集合在一个强有力的团体里了，你便会发现，你已经不再是自己……”军队是一个战斗的整体，全靠万众“不容有丝毫芥蒂”，要能做到情同手足，亲密无间，就必须众志成城，否则就会如一盘散沙，“必将不戢自焚”。

甲午战争中，北洋水师门户对立，内斗激烈。朝廷上有维新派与顽固派的斗争，朝廷外有革命党与保守党的斗争。军事工业分属不同洋务集团，已然成了官员私产。战争中，日军缴获大量清军装备，这些装备型号之多，令日军瞠目。各个集团都在把自己的利益最大化，北洋水师炮台上的火炮型号达84种之多。凡此种种，由于缺乏团结协作意识，只盯着眼前“一亩三分地”，各行其道、各唱各调、各使各招，无法形成整体合力。黄遵宪悲愤地说：“噫吁哉！海陆军！人力合，我力分，如蠖屈，不得申；如斗鸡，不能群。”

这样的军队怎能打胜仗?

在革命战争年代，我军内部以患难与共、生死相依、情同手足的亲密关系著称于世，大家为着解放全中国这个共同的革命目标，心往一处想，劲往一处使，唱着团结的歌，我军从胜利走向胜利。而国民党军队，虽然装备精良，但却像欧阳修剖析的“小人之朋”一样，内部派系林立，相互勾心斗角，战未打、心已乱，最终逃脱不了失败的下场。

这也让我想起抗日战争时期的一个故事。

日本鬼子自恃劈刺技术高强，喜欢一对一单打独斗。但是八路军是一个整体，往往是一个战斗小组对付一个鬼子。有一次，小八路王汝林遇到一个凶悍的老鬼子，他用的是指挥刀，仁丹胡子比一般老鬼子的要长。你刺我劈，刀光剑影，几个回合，不分胜负。王汝林向老鬼子两侧的战友使了个眼色。自己在正面连连做出刺杀的动作，吸引鬼子注意力。两侧的战友突然出击，两把刺刀同时扎进了老鬼子的两肋。老鬼子惨叫一声，一命呜呼。

一个士兵的生命力和创造力是有限的，但是当他融入连队的集体并在其中和谐相处时，他的作用就会成倍地增长。雷锋在日记中写道："一滴水只有放进大海里才永远不会干涸，一个人只有当他把自己和集体事业融合在一起的时候才能最有力量。"王杰说："一个战士的力量是有限的，可是千百个战士团结在一起，就成为无坚不摧的力量。"

在委内瑞拉有一座闻名遐迩的"猎人学校"。空降兵某部副连长扈华国、排长王亚林代表中国军人参加第八届国际反恐怖特种集训团。一次，当所有的学员还沉浸在梦乡中，突然，宿舍里"呼"的一声巨响，一股呛人的瓦斯气体立即在仅有 12 平方米的宿舍里弥漫。当全体人员顾不上穿衣，冲出房门时，教官早已等候在门外，这是起床的信号。接下来是全副武装，负重 30 千克的 3 小时强行军，身后是教官执枪追赶，学员们的体能消耗到了极点，有的开始呕吐，有的已经倒下。扈华国、王亚林摔倒了爬起来，再摔倒了再爬起来，两个人相互鼓励，相互加油。因为学校有规定，强行军后，都要升起学员所在国的国旗，哪一个先到达目的地，就升哪个国家的国旗。"一定要为祖国争气！"扈华国、王亚林以惊人的毅力，强忍剧痛，抢先跑回学校，在异国他乡升起了五星红旗！"走出国门，我们代表的是中国军人。"一种强烈的自豪感和责任感油然而生。看着冉冉升起的五星红旗，两双手紧紧地握在了一起！八一电影制片厂以他俩为主要原型，拍摄了一部现代军事题材故事片《冲出亚马逊》。

无论武器装备如何发展，战争形态如何变化，密切的官兵关系、真挚的战友情谊作为促进人与武器最佳结合、人与人最佳结合的关键因素，在未来战争中，谁配合更默契，谁就能在战争中占得先机。这在一些兵种部队体现得更为明显。自从战争与人类社会相伴以来，还没有哪一种力量像现代作战力量这样，每一个战斗动作的质量都是全体成员战斗动作质量的总和，每一次战斗的胜利，都和团结协作息息相关。

曾担任空军地面领航员的魏承超回忆起40多年前，同战友们一起密切协同击落来犯敌机的战斗故事还依然激动不已。70年代，号称“雷达看不到，高地够不着，飞机追不上，导弹瞄不准”的“西方战略眼睛”RF-101侦察机屡犯我境。飞行员王鸿喜迅速实施反制。突然，敌机目标消失1分钟。当时他们估计敌机在利用高山躲避雷达，而实际航线不会变。之后，敌机果真就在推测的航路上出现了。魏承超引导王鸿喜立即逼上去，3炮齐发，将刚进入我国3分40秒的敌机击落。

周恩来总理在接见击落RF-101侦察机有功人员时说：“打胜仗是集体的创作，除了飞行员的功劳，还有地面很多人的保障。”

在海湾战争“沙漠风暴”行动空袭战中，伊军虽有700多架作战飞机，但因武器系统体系不健全，难以形成整体作战能力，只能被动挨炸。多国部队以空中预警指挥机为核心，以干扰、掩护、侦察等多种飞机要素，组成有较高融合度的作战系统，整体作战效能倍增。美军击毙本·拉登的“海王星之矛”行动，24名美军海豹突击队员乘“黑鹰”直升机突袭拉登藏身地，约40分钟后，拉登中弹身亡，美军离开现场返回基地。此次行动之所以能够游刃有余，是因为美国动用了35颗卫星、40余架飞机，进行全方位多环节精确协同的结果。真正的战斗力，只能产生于严密的组织、严格的训练、严谨的作风形成的整体合力中。一支平素疏于训练却精于应付的部队，战时无论怎样英勇，也难形成整体合力。

古人在谈到捕鸟时说：“捉住鸟的，只是罗网的一个孔，但是只有一个孔的罗网，是捉不住鸟的。”同样，鸟，之所以能够远飞，主要依靠翅膀上的6根大羽毛；但是，如果没有其他小羽毛相助，这只鸟也是飞不远的。部队就如同一张大网，每个岗位都是其中一个网结，只有相互配合才能发挥最大效能捕到大鱼。我们欣喜地看到：当士兵作为一个团队存在时，他们是激流勇进强渡大渡河的十七勇士；是能攻善守、敢打敢拼的塔山英雄团；是出师海外忘我尽职的维和部队；是身居闹市一尘不染的南京路上好八连；是正步走过天安门广场的阅兵方阵……

团队的荣耀就是官兵的荣耀。官兵的荣誉就是团队的荣誉。

军队一切皆为能打仗、打胜仗。我军将要面对的战争，是一体化联合作战。随着战区体制的确立和新大纲的颁布施行，我军联合训练从形式到内容已渗透到每个作战单元。演训场上，一个班长可以调动直升机支援作战，一个合成营营长需要指挥10余个兵种协同作战……在提高联合作战水平方面，各战区各军种时不我待、步履匆匆，一直在加速前进，作了一些探索，也取得了一些成果。但有的主战要素和保障要素缺乏协调配合，平时你训你的，我练我的，战时融不到一起、捏不到一块儿；有的联演联训有名无实，计划安排是联合的，实际上还是各演各的，“看得见五个指头，就是攥不成一个拳头。”《人民日报》记者曾跟随某机步旅千里跃进大草原，目睹了他们“像打仗的样子”：远程投送一路硝烟，各种战场突发情况不分昼夜接踵而至，副旅长毛云东感叹：“走了3000里，问题暴露一火车。”特别是对因协同不够导致演习失败一直耿耿于怀。受领任务后，毛云东迅速召集主攻方向的营连长，对战斗时可能遇到的情况进行详细研究，至于其他攻击群，因为时间不允许，只是通过电台简单交流了几句。

战斗如期打响，担负驱遣任务的装步三连几乎没费一兵一卒，就成功开辟了道路。毛云东看了看表，暗叫“不好”。因为按作战计划，总攻时间为8时整，而刚刚6时20分，几个群队已经推进到蓝军眼皮底下。无奈之下，只能提前发起进攻。

一时间，毛云东恨不得长出三头六臂，一边指挥主攻群发起攻击，一边呼唤空军航空兵、炮兵群、直前破障分队等攻击群。然而，这一切都只是愿望。由于预想不够，炮火准备开始时，营战炮分队还未占领阵地；敌武装直升机火力开始突击时，防空分队还没有占领展开地区；即便在付出巨大代价后，主攻群占领了1311高地时，担负纵深攻击群的装步三营却还在5千米之外……缺少这些必要的支持，局面顿时陷入被动。

演习结束后，毛云东在体会中写道：如今，战斗早已结束，但我始终没能从硝烟中走出来。如果主攻群能够按时到达阵地，如果炮兵群能够第一时间实施火力覆盖，如果纵深攻击群能够及时赶到，如果防空分队能够实施对空打击……那么，我们取得胜利的时间恐怕不会拖得那么久。不是我们的武器装备不够好，而是我们这些指挥员没有把优势资源统起来，导致最后空握一手好牌，却被对手逆袭。

战场上，没有如果。实现信息化联合作战，不仅作战力量要联合，作战要素也要联合。巴顿将军曾形象地把合成军队比喻成一支乐队。他说，如果军乐队演奏一支曲子时先用短笛、再用圆号、再用单簧管、再用小号，那么这将会产生一种令人烦恼的噪声，而决不会产生音乐。为了得到和谐的音乐，每种乐器都必须和其他乐器互相协奏。同样，为使战争协调地进行，每种武器也必须和其他武器互相配合。在社会分工日益精细的今天，一个人无论有多大的本领，若缺乏默契的团队精神，很难抵达人生成功彼岸；在军队中只有树牢联合制胜观念，在平时训练中注重加强要素与要素之间的协同配合，提高联合作战的能力和水平，才能弹奏出“胜利协奏曲”，实现 1+1+1 ＞ 3 的战斗力倍增效果。

全军学习成才标兵孙正波和他的团队凭着精诚团结、密切协作的精神，为“听风者”研发“高一筹、先一步”的装备，创造了一个又一个辉煌。

谈到个体与团队的关系、团队的成长和发展，孙正波说：我们每一个人从一进入初始的团队，都是一个初始的状态，由于我们学习、工作的经历不一样，发展方向就可能不一样。一是让每个人讲出我想干什么，我希望成长为什么样的人，我的梦想是什么；二是组织培养定位，根据每个人的特点去观察和考察，确定每个人的成长路线，每个人都有天生的一些优势，这些优势可能在你不注意的时候就会流逝掉，所以进入团体以后，只有立足自己的本职岗位挖掘自己成才的增长点和发力点，才能在你的岗位上找到自己发展的潜力。其实立足本职岗位成长成才，就是要找到自己的切入点，找到一个自己最适合发挥潜力的切入点。三是要做一个依靠团队的人。因为现在我们面临越来越多的问题，不是单靠个人就能够担当、能够解决的。在一个团队里，通过大家讨论交流、碰撞，甚至辩论，可能会促成你打开新的思路，产生新的想法。积力之所举，则无不胜，众智之所为，则无不成。

最近有一个热播节目叫《奔跑吧，兄弟》，只要一个人跟不上，整个团队就过不了关。只有团队里每个人都拼搏努力，大家齐心协力，才能夺隘闯关。

这样，每一个人发力、发热，迸发出的正能量汇聚到一起，就是波澜壮阔、势不可当的强军伟力！

让我们挽起臂膀，奔跑在打赢的路上！

11 昨天的战法，打不赢明天的战争

战争形态如水无常形，急速发展。20 世纪 80 年代，刘亚洲撰写的《恶魔导演的战争》一书中，有一句对于现代战争形态演绎的经典总结："战争一场异化一场。"意思是战争不会重复，形态总在变化，未来并不在现在的延长线上。

树上没有两片形状完全相同的叶子，世上没有两场打法完全一样的战争。每个时代的战争无不打上鲜明的时代烙印。面对信息化战争的深刻变化，不主动创新谋变就没有出路，上了战场必然会被动挨打、付出血的代价！

西方有句名言："如若说，在创新尚属于人类个体或群体中个别杰出表现时，人们循规蹈矩的生存姿态尚可为时代所容，那么，在创新将成为人类赖以进行生存竞争不可或缺的素质时，依然保持一种因循守旧的生存状况，则无异于一种自我溃败。"战场比输赢，平时看创新。今天企业界的名言是"不创新就死亡"。如果说，商场如战场，那么这句名言已经深刻地告诉我们，一支平时不注意创新，或缺乏创新能力的军队，是难以在未来战场赢得胜利的。

创新，永远是军队转型的强大引擎，也是军人决胜未来战场

的重要法宝。

多少人看过苹果落地，为什么是牛顿发现了万有引力定律？多少人看过小鸟飞翔，为什么单单是莱特兄弟制造出了飞机？答案不言而喻：创新，总是青睐那些敢于挑战习以为常思维的人们。

全军爱军精武标兵宗道辉在进行动力伞训练中感到，这个动力伞的抗风性比较差，如果横风速度每秒超过5米就前进不了，续航能力也只有一个小时。有的战士议论：这不过是个会飞的“肉包子”，给我一挺高射机枪准能把他打成“筛子”……这样的装备怎么能打仗？宗道辉琢磨开了：用什么方法来弥补装备速度慢、航程短、没有防护力的缺陷呢？他把自己的想法告诉战友们，不料却引来种种议论：你是个小兵，把手中武器练熟就行了，何必自讨苦吃。宗道辉不信邪。小兵怎么了？小兵直接操控装备，最有发言权！他从报刊、网络上收集资料，反复琢磨，终于拟出一份详细的装备改进报告。有关部门论证后，采纳了他的意见，对装备进行革新获得成功——与过去相比，新装备载荷增大3倍，速度提高1.4倍，航程增大6倍。

为更接近实战化要求，在平时的训练中，他边摸索边改造。先后成功地在原有装备上加装了定位系统、调频电台、照明系统……武器平台填补了该型装备系统的六项技术空白。宗道辉驾驶飞行器在风高浪急的海峡之间来回飞行。他的飞行高度从300米、100米降到10米，顺着海浪的波浪起伏进行超低空飞行，岸滩上发现不了，雷达也无法发现，实现了作战目的。

我国著名教育家陶行知在评论“创新”时说，“人类社会处

处是创造之地，天天是创造之时，人人是创造之人”，认为创新能力是人人皆有的一种能力。

“小人物”由于年轻，常常思维敏捷，最善于吸取新知识，没有思维定势，考虑问题不受条条框框的限制，也不易受其地位、荣誉的束缚，勇于创新开拓。

东海舰队某大队上士赵国臻被称为军营“爱迪生”。某新型导弹列装后，在该型导弹的首次码头保障任务中，赵国臻发现由于两枚弹并列固定在卡车上的间距太小，原装的摇杆式固定装置解锁器无法正常发挥作用，导致完成每枚弹首尾两处固定装置的解锁过程至少要花费 2 分钟时间。试想，仅解锁 1 枚弹耗费 2 分钟，10 枚弹用时 20 分钟，100 枚弹……战场上分秒必争，时间就是胜利。经过 10 余次反复试验和改进，他最终研制出转盘式解锁器，达到了理想的效果。

创新其实就在身边。在建制连队比武中，某连因手榴弹投掷项目排名靠后，错失冠军。全连上下找对策。士官田永茂发现，投弹训练中对出手角度，弹道弧度没有准确的检测方法，纠正投弹动作仅凭个人感觉，是造成投弹成绩难提高的主要原因，要改变现状就必须想办法测出弹体飞行数据，为投弹训练提供准确的数据支撑。

他研制出一台叫“投掷物出手角度测量器”的机器。手榴弹投掷时，将一个钢笔头大小的副机塞入弹柄，主机上就能显示出弹体的飞行高度、距离和出手角度。投掷器应用当年，连队单兵手榴弹投准率提高了 8 个百分点，还涌现出一批 40 米边筐的“神投手”。第二年，连队在比武中顺利夺魁。田永茂的这个机器还成功申请了国家发明专利，他也由此获得了一个“士官发明家”

的外号。

奔涌的“创客风潮”，不仅激发了社会上无数“草根”的激情梦想，也吸引着军营“创客”奋勇当先，在强军、兴军征程上破茧成蝶，脱颖而出。岗位需要什么，战士们就学习什么，打仗缺少什么，战士们就研究什么。凭借这一点，军队出现了一个又一个“爱迪生”“发明家”！创造革新出一个又一个新产品、新项目。比如，一根看似普通的背包绳，某旅官兵却创新总结出实战条件下在急救、固定、捕俘、测距等方面的20种功能，官兵们人人都能熟练掌握。

胜利者往往都是走在时代前列，创新作战方式方法的行家高手。恩格斯说：“每个在战史上因采用新的办法而创造了新纪元的伟大将领，不是新的物质手段的发明者，便是以正确的方法运用他以前所发明的新手段的第一人。”中国古代军事发明家马钧，有一次在家看到磨面粉的磨盘飞快地转动，进而对这种司空见惯的现象产生了强烈的好奇心，设计出了一架直立的转动式发石车。经过在练兵场上试验，这种发石车可以把砖头、石块抛射到几百米外，成为古代作战中一种带有射击性的武器。戚继光在训练或实战时摈弃旧式训练法，将盾牌、狼筅、长枪、叉、钯、棍、刀甚至火器联合使用，创造出被称为“鸳鸯阵”的战术，提高了部队战斗力。第二次世界大战的许多名将，如尼米兹、戴高乐、朱可夫、巴顿、艾森豪威尔、蒙哥马利等，都有一系列令人惊叹的创新的战法、战例。

我军是一个有着创新传统的军队。在革命战争年代，为了弥补武器装备的不足，广大官兵和人民群众创造了一系列克敌制胜的方法和手段。如，抗日战争时期的“地道战”“地雷战”，一只“麻雀”闹得敌人团团转的“麻雀战”；大渡河上三发炮弹摧毁敌三个火力点的“神炮手”赵章成又创新了新战法。战友们回忆说，敌人组织一个精干的部队，要袭击咱们八路军总部。赵章成就用这四门迫击炮啊，打得敌人哇哇乱叫。这个赵章成很能动脑筋，他神炮手嘛，在这个迫击炮上又加上了辣椒面，炮弹一炸，周围辣得受不了，日本鬼子不知道八路军有什么秘密武器啊，结果呢，精神上也动摇了，恐慌了，部队突击上来以后，把这个600来人的绝大部分给歼灭了。还有解放战争时期的“关门打狗”“围点打援”。抗美援朝时期在发扬自己传统优势的同时，也通过不断地学习让自己的战术战法更加巧妙，使在过去十几年练就的作风和灵活的战术表现得淋漓尽致。“零敲牛皮糖”“坑道战”以及近战、夜战、“冷枪冷炮运动”等，招招让敌人闻风丧胆。保卫社会主义建设时期，尽管军队武器装备有了长足的发展，但为了进一步挖掘武器装备的潜能，群众性的小革新、小发明层出不穷。如，各种伴随着火炮的简易射击法、“320爆破法”、坦克分队超直射火力突击等都是由群众首创的专业技能。科技练兵中，全军部队围绕“打得赢”的要求，在基层中酝酿的“以劣胜优三两招”为军事训练及战斗力的提高拓宽了思路。一支曾出过炮兵奇人赵章成的劲旅，面对新老装备交替的“阵痛”，官兵们挥舞战法创新的利剑，攻克千难万险，终成炮兵部队的先行者，受到上级领导的高度评价：“可引领炮兵发展十年。”可以这样说，“战争之神”的每一次“蜕变”转型，都会给战场带来铺天盖地的火力震撼以及摧枯拉朽的“头脑风暴”，在战争这部字典里，“创新”这两个字，永远和胜利紧密相连！

科技革命滚滚向前，军事领域里的变化永远不会停止，信息化军队本质上是创新型军队。在信息化战争时代，唯有着眼未来战场，具有创新视角、创新观念的人，才会成为战争的胜利者。

创新是应当有点胸怀的，而宽广的胸怀常常和站得高、看得远分不开。任何军事方面的改革，都要开拓前人没有做过的事业，总是要超出一般人按常规走路的方式，所以也就难免遇到一点“冷眼”，接受重大的挑战。

历史上赵武灵王进行“胡服骑射”的军事改革是大家所熟悉的。胡人作战时身穿短衣，骑在马上，举动灵便，往来如飞，战斗力很强。而赵军宽袍长袖，盔甲笨重，行动不便，难以抵挡骑兵的突袭。赵武灵王决心向胡人学习，改变中原人的“衣冠”，改穿适合骑马的胡人服装。改革初期，反对他的人也并不少，他的叔叔公子成，竟抱病不上朝，以示不满。支持赵武灵王的大夫肥义说过一段耐人寻味的话：

> 臣闻疑事无功，疑行无名，王既定负遗俗之虑，殆无顾天下之议矣。夫论至德者不和于俗，成大功者不谋于众。昔者禹舞有苗，禹袒裸国，非以养欲而乐志也，务以论德而约功也。愚者暗成事，智者睹未形，则王何疑焉。

意思是说，搞改革总是有人反对的，如果因别人反对就怀疑自己，那就不会成功。古代的圣贤也都是根据实际情况办事的，并没有把自己定出的那些条条框框当作不变的定律。所以，搞改革是顺理成章的事，反对改革的人大多看不到将来，而改革家总是“睹未形”，向前看的。赵武灵王算了一笔账，就是“非议”和嘲笑，与军事改革成功后，富国强兵，打败胡人，扩大赵国疆域相比，究竟哪个重哪个轻，从而果断地决定：“虽驱世以笑我，胡地中山吾必有之。”赵国从此走向了强盛。我们也应该学点古人的胸怀，有点政治远见，真正看到自己的将来。这样，你就不会为别人评头品足的议论而灰心，永远保持矢志不渝的进取精神。

对于一支军队来讲，落后的武器装备固然需要不断更换，但更需要改变的是那些陈旧的思想观念。一支不能甩开落后思想观念包袱的军队，必将埋下一个民族历史悲剧的伏笔。我们要战胜未来的敌人，首先就要在时代的前面蹚开传统观念的雷区。

清代火器制造家戴梓发明了一种连珠火铳。据记载，铳背装有弹夹，可贮存 28 发火药铅丸。铳机有两个，相互衔接，扣动一机，弹药自落于筒中，同时解脱另一机而击发。能够连续射击 28 发子弹，有人称之为早期的机关枪。但可悲可叹的是，当他将连珠铳造出来后，却不敢献给政府，更不敢让清军实际使用。原因据说是他在晚上做了一个噩梦，梦中有人斥责他：上天有好生之德，你这个武器杀人太厉害了，如果将其传出去，你的子孙一个都留不下。戴梓确实是害怕了。这个连珠火铳就真的没有流传下来。可以说，一个因循守旧的噩梦迟滞了近代兵器发展史，甚至直接影响和改变了中国近代史。由此，也许我们能够理解，为什么当年北洋海军成军之后，技术和装备上便都止步不前，不几年就被日本海军赶超过去，造成舰速、炮速和炮弹威力都不如日军的严重局面。美国前国防部长拉姆斯菲尔德曾做过一个比喻，给你一支 M-16 步枪，如果你用枪托砸敌人，那你没有转变，如果你蹲下瞄准射击，那你就转变了。这也启示我们，只有脑筋转弯，行为才能跟着转变，强军的步子才能迈得开。

拿破仑曾经说过："我们的军队所以常胜不败，就是因为在与敌人抢占制高点时，我们总是早到 5 分钟。"遗憾的是法国人有时竟也忘记了拿破仑的话，以保守代替了创新的法军，在昔日的凯旋门下蒙受了耻辱。在第一次世界大战中，依靠堡垒阵地与步兵火器相结合的战法，赢得了"光荣"胜利的法军，用固定阵地防御的思想主导了法国第二次世界大战前的战争准备。他们在 360 千米长的法德边界精心构筑了马其诺防线，用以阻挡德军进攻。法国领导层自恃马其诺防线坚不可摧，所以对新技术给作战带来的新变化麻木不仁，对德军闪击波兰的特点置若罔闻，并把一些有识之士提出的机械化战争理论贬斥为异端邪说。结果是当德国闪击荷兰、比利时之后，主力从阿尔登山脉迅速向法国腹地发动突然袭击时，法军大部分主力仍待在马其诺防线里无所事事。于是，他们苦心经营的马其诺防线成了摆设，法国上演了一出民族悲剧。

一位哲人说过："一旦思想的闪电刺破地表，它就会引起整个地壳的运动。"在战场上，常规的思维方式往往会使部队的行动处处被动，而超常思维却像刺破地表的闪电，改变战争走向，往往能够反败为胜。刘伯承元帅"七亘村重叠设伏"就打破了"兵贵不复"的古兵法格言，他抓住敌人骄横轻敌的心理，反向思维，打破常规，在同一地区连续设伏两次，重复战法，两战皆胜。1962 年，国民党空军使用 U-2 侦察机对我大陆实施空中侦察，在两次被我防空导弹击落后，开始使用电子设备逃避打击。为此，我地空导弹部队打破常规，跳出惯性思维的束缚，从很多人们习以为常的操作习惯入手，使导弹操作时间由原来的 8 分钟缩短到 8 秒钟，最终一举击落 U–2 侦察机。

善于运用超常思维，不拘泥于条条框框，审时度势，大胆采用从未用过的新招法，甚至最忌讳的打法，即使装备上不占优势，也一样可以做到"攻其无备，出其不意"，取得战争的胜利。相传，古波斯的戈蒂亚斯王系了一个"结"，叫"戈蒂恩结"。他声称，如果有谁能解开此结，就有能力统治整个小亚细亚。很多人跃跃欲试，可谁也未能解开。亚力山大大帝闻讯赶去，他略微观察，便拔出佩剑，把这个"结"砍为两段。或许有人会讥笑说："太简单了。有谁不会呢？"

其实，许多事情，在事前和事中，它可能是一个令人智穷虑竭的迷宫、根本不可能完成的任务。事后看来，解决它只不过是"捅破一层窗户纸"。苏军攻打柏林，在德国的顽强防御面前，朱可夫集中探照灯眩耀敌人眼目，为部队发起攻击创造了良机；第四次中东战争，埃军用高压水龙把以色列苦心经营的巴列夫防线化为流沙；著名的赤壁之战，周瑜也不过是放了一把大火，击溃近 20 万曹军。这些，固然离不开知识、才干和谋略，但值得一提的是，解决复杂的战争问题，更需要跳出习惯的思维框框，果敢地"宽正面"地去设想破敌之策。就像亚力山大大帝独具慧眼，看到了"结"后的"结"，果断举起佩剑。

战争，最能创造奇迹，创新影响和改变着战争。未来的信息化战场，"看似不可能完成的任务"更多，唯有通过不懈的研究和创新，才能增添胜利的砝码，打赢明天的战争！

第三章

淬火砺剑：过硬本领是这样炼成的

有一首歌这样唱道："练练练，练为战，练成那精兵才是好汉。练练练，练为战（那），练成那个打得赢的好儿男。练就杀敌硬本领，练得豪气冲云天。从严从难不松劲呀，真打实备练练练，练练练。"这边一曲未了，那边"苦练、巧练，铆着劲地练啊！我们的本领强，嗨！才能打胜仗！"

歌声响亮、有力，似劲吹的风鼓荡着战士们的训练热情；也如同淬火的利剑在大锤小锤叮叮当当的锻造中阐述着一个朴素的道理：多淬一次火就多一分坚韧，千锤百炼铸就了兵不血刃的锋利、让敌闻之胆寒的杀气！

铁骨练，胆气生，本领成，练到极致即利器。

12 不盯着战场练本领，你的准星就瞄偏了

今天的训练场，就是明天的战场。实战化训练，绝不能弄虚作假、搞花拳绣腿，必须把每一枪都当作最后一枪。因为战场没有“补考”机会，平时训练糊弄自己，战时就会害了自己；平时演练丢多少分，战场上就要流多少血；平时训练欠多少账，战场上就要用多少生命来偿还。一句话：战场上不能一枪毙敌，敌人就会一枪灭你。

虚花结不出实果，花枪敌不过真枪

《水浒传》里有这样一段故事：东京八十万禁军教头王进，避祸逃难到史太公家的时候，见太公之子史进“把一条棒使得风车儿似转”，“只是有破绽，赢不得真好汉。”史进大怒，“你是什么人？敢来笑话我的本事？”并主动挑战，硬要王进同他比试比试，“你来，你来，怕你不算好汉！”说着便气势汹汹地“径奔王进”。结果一交手，王进略使一两个小招儿，史进便“扑地往后倒了”。王进对史太公说：“令郎学的，都是花棒，只好看，上阵无用。”

有位历史学家说过："不应忘记，战争是不会宽恕训练差劲的军队的。"战争是血与火的较量，任何时候都是硬碰硬、实打实，来不得半点飘浮和虚假。只有平时铸良剑、砺剑法，战时方能亮剑封喉。如果把心思用在与打仗无关的事上，不把亮剑的本领练强、不把打铁的骨架铸硬，一旦遇到强敌，平时的花拳绣腿，战时必然会折臂断腿；平时弄虚作假，战场必然丢盔弃甲，更"赢不得真好汉"。

有史料记载，曾经名噪一时的北洋海军打靶演习时，"预量码数，设置浮标，遵标行驶。码数已知，放固易中"。"在防操练，不过故事虚行。徒求其演放整齐，所练仍属皮毛，毫无裨益"。制定的颇为详细的战备训练章程，但大多只是写在纸上的"摆设"。甚至到了1894年5月，在临战前的最后一次巡阅演示中，这支舰队还在弄虚作假，糊弄上级，给朝廷制造了东亚最强海军的幻觉，最终直接导致了黄海海战的失利。李鸿章悲叹道："我办了一辈子的事，练兵也，海军也，都是纸糊的老虎。"故一临战事便分崩离析、全军覆灭。"来远"舰大副张哲荣在战后反思："我军无事之秋，多尚虚文，未尝讲求战事……虽职事所司，未谙款窍，临敌贻误自多。"务虚当道，人浮于事，为战争种下"祸根"。

也不乏有沉迷于数字光环、被"数字陷阱"坑害的。想当年，海湾富国伊拉克拥有坦克4000多辆、装甲车2000多辆、火炮3000多门，凭借浩浩数字军队，自诩为"世界第四军事大国"。海湾战争中，"完好的坦克群"闲置着，只能是一堆毫无作战效能的废铁，没有伤到联军分毫。那个庞大的数字军力成了毫无意义的阿拉伯符号。

这种自欺欺人的“胜利”训练法、“数字军力”同史进“只好看，上阵无用”的“花棒”颇为相似！

虚花结不出实果，花枪敌不过真枪，能打仗、打胜仗靠的是经年累月的实战化训练积累。

连对手也发出“撼山易，撼岳家军难”慨叹的岳家军，在“止兵休舍”时，也“辄谋其艺”，不忘训习，严格按实战和临战要求训练，绝不马虎。兵士们跳壕沟、冲山坡，“皆披重铠”。岳飞认为，“在操场上很困难，打仗时就容易多了”。

抗倭名将戚继光在《练兵实纪》中说：“作战乃杀人的勾当，岂是好看的。”“教练之法，自有正门，美观则不实用，实用则不美观”“临阵行不得的，今便不操。”“平日所习所学的号令营艺，都是照临阵的一般；乃至临时，就以平日所习者用之，则操一日必有一日之效，一件（武器）熟便得一件之利”。他在浙江金华等地招募了三千人，坚持排兵布阵、一招一式都经过严格训练，这支军队战台州，攻横屿，捣牛田，收复兴化，进军潮州，连战连捷，消灭了入侵的倭寇，保卫了东南沿海安全。

犹太人约瑟夫斯在论古罗马训练法时说过，只有把平时的操练当作“不流血的战斗”，战时才能表现为“流血的操练”。几场现实版的“战场演习”可以作为这句名言的生动注脚。伊拉克战争发起前，美军多次在科威特边境举行针对性演练，战前一年先后举行了 13 次高强度的近似实战模拟演练。正如美军指挥官所说，是实战化训练让士兵提前熟悉了战场环境，锻造了作战勇气，提升了作战自信。

当年以色列空军成功突袭了伊拉克核反应堆，靠的就是真训练。他们在本国选择了一个区域修建 1 ∶ 1 的高仿真目标，不停地练，反复地练，不断总结完善战术战法，最终行动一举摧毁目标。

1940 年 2 月，德国根据“曼施泰因计划”，决定避开马其诺防线，集中装甲部队从色当进攻法国。德国装甲兵的创始人、军长古德里安立即着手组织演习，并邀请空军和其他兵种参加演练协同。到了 5 月战争开始的时候，因为时间太紧他就把档案中的演习命令拿出来，仅仅改了一下时间，正式命令下发到部队，各师也都仿效了军部的做法，所以，命令下达十分迅速简便，大大争取了时间。

未来战场上的对垒，其实早在训练场上就已经分出高下。曾看过一个讲“二战”的外国纪录片，里面讲莫斯科保卫战中，苏军战士存活时间不到 24 小时，军官也只有 4 天。实战是绝对不可掺假的较量，战场上没有蒙混、侥幸，没有模棱两可，只有血与火的比拼，只有实打实的惨烈对决。演习训练真不真，敌人最知道有没有水分。我们常讲，平时多流汗，战时少流血。事实上，多流汗还不行，还要看流的是什么汗。只有多流贴近实战、自设险局的热汗，多冒自寻短板、自毁“花棒”的冷汗，战场才能结出能打仗、打胜仗的“实果”，如此，手中的技能才真正有“硝烟味”，应战的准备才能经得住战火的熏烤、实战的检验，才能积累打赢明天战争的本钱。

习主席指出：“军事训练实际上是未来战争的预演，来不得半点飘浮和虚假。训风不正是对官兵生命、对未来战争极大的不负责任，危害甚大，必须坚决克服”。还十分强调，必须坚定不移，坚持仗怎么打兵就怎么练，打仗需要什么就苦练什么，部队最缺什么就专攻精练什么。“惟其艰难，才更显勇毅；惟其笃行，才弥足珍贵”。这为军队积蓄打赢之力指明了方向。

在上级组织的一次红蓝双方对抗演练中，侦察兵周存，奉命潜入蓝军阵地实施侦察。可让他没有想到的是，蓝军竟出动一个连的兵力围追堵截要活捉他，这该怎么办？危急时刻，他硬是用脑袋撞开房顶，不顾头破血流，冲出蓝军包围圈，本以为已脱离险境，可正前方一条近 30 米宽的大河又拦住了去路。周存毫不犹豫一个猛子扎进了河水之中，隆冬时节，河水冰冷刺骨，周存险些溺亡，但他凭借着过硬的军事素质成功泅渡，终于摆脱蓝军追捕，圆满完成了任务。记者问他：这只是一次演习，为什么要这么拼命？他的回答掷地有声：“演习就是打硬仗，我是一个兵，当兵就要真刀真枪练就打胜仗的真本事！”在朱日和训练基地进行陆军合成旅实兵对抗演习现场，面对滚滚铁流，面对一张张忠诚果敢的青春脸庞，新华社解放军分社记者朱思栏情不自禁地写下这样的话：远程机动强度罕见、专业化蓝军不重输赢……这一切的变化，都彰显着中国军队转型谋打赢的决心，宣示着中国军队在为实现强军梦而时刻准备着的意志。稿件播发后，网上一名网友评论说：“军队这么练，作为老百姓，真让我们振奋、鼓舞！”

全军爱军精武标兵何祥美，把“当兵就当能打仗的兵、当兵就当能打赢的兵”作为追求目标，他经常提醒自己，当狙击手就要瞄着第一，贴近实战，练就打胜仗的本事。无依托据枪是狙击训练最苦最难的项目，狙击手的肘部磨破了，汗水常常和迷彩服粘在一起，脱衣服时钻心地痛，身边战友陆续戴上护肘，何祥美不愿戴，战友问：“你怎么不戴护肘呀，把肘磕坏了自己不是白受罪吗？”何祥美回答说：“戴上护肘据枪动作不真切了，会影响射击的感觉。”他就这样坚持着，坚硬的地面磨破了肘部，破了又好，好了又破，慢慢地，肘部结成两块死皮。他自豪地对人说，这两块死皮就是他专用的枪架，走到哪儿就能带到哪儿。魔鬼般的训练铸造了一个又一个奇迹，他精通狙击步枪、匕首枪等八种轻武器射击，在 200 米距离上指哪打哪，发发命中要害，手枪速射从发枪上膛到击发仅需 0.58 秒，枪响靶落，弹无虚发。

全军学习成才标兵曾昇铨在训练场上曾 5 次与死神擦肩，但又化险为夷，创造了一次次奇迹。他坦诚地说：“一个真正的士兵，只有与死神搏斗过，才更知训练的宝贵。我觉得，之所以我每次遇到险情都能安全脱险，最主要的还是感谢实战化背景下的严格训练。如果没有这个严格训练的话，也不会有我的今天，我也不可能活着。”

他清楚地记得，第一次参加“蛙人”集训，在经历近 3 个月的魔鬼训练后，他同老队员一同进行轻潜水训练。轻潜水，是特战队员执行下水侦察、爆破任务的基本功。水下 28 米，被称为轻潜水的“死亡区域线”，是横在特战兵面前的一道坎儿。当腕上的深度表指到 20 米时，明显感觉耳膜被憋得吱吱响；到了 22 米时，鼻腔在强力水压下开始出血，眼前一片暗红。当战友把他拉上橡皮艇的时候，一阵猛烈的呕吐，吐出来的全是血水。虽经治疗，仍被禁止参加“蛙人”集训两年。但在这两年的时间里，他一刻也没闲着。平时，他注意加大基础训练力度，打脚蹼训练，累得抬不起腿弯不下腰；闭气训练，憋得两眼直冒金星；潜游训练，常常累倒在岸边一动都动不了。为适应深水压力，他反复利用机电潜水车进行加压减压训练，强化鼓膜的承受能力。22 米、24 米、25 米、27 米……他与战友们一点点突破。当训练成绩稳定在 27 米左右后，他与另外 2 名尖子提出挑战极限申请。当下潜到 27 米时，一位战友感觉身体不适，选择了返回；下潜到 28 米时，另一位战友也感觉压力过大，选择了返回；下潜近 29 米时，他觉得自己的脑袋像被挤爆了一样，他死死盯着潜水表上的数字，一点一点向下潜，当潜水表显示 30 米时，他创造了新的轻潜水纪录！

2013 年 11 月 28 日，在向习主席汇报演示自动步枪精度实弹射击的过程中，15 号射手庄振华打出了 49 环，受到习主席的肯定和鼓励。庄振华兴奋了好几天，也让他心里产生了前所未有的动力："军人是要上战场的，必须贴近实战成为'全才'，才能增加打赢胜算。"

2014 年 6 月，庄振华成为参加上级特战、侦察专业比武屈指可数的列兵选手。面对一系列紧贴实战的夜战险境，庄振华在体力极度透支，身上多处受伤的情况下，充分运用平日练就的战术动作、素养，同战友们一起在漆黑泥泞的山路上奔袭、射击，最终获得"夜间战斗射击"课目团体第一名，用金闪闪的奖牌回报了领袖的殷切期望。

亲爱的战友，你是否也像周存、何祥美、曾昇铨、庄振华们一样在不同的战位上，在真训实练中提升着打赢本领，积蓄着打赢能量！

细节里面有本事

这是个著名的传奇故事。英国国王理查德三世因为一副马掌钉被击败，丢失了一个国家。多年以后，莎士比亚写道："马，马。因马失社稷。"就是说的那次发生在1485年的波斯沃斯战役。

故事说，战斗的当天早上，理查德派人去准备好自己的战马，决定骑上它打头阵。于是找来铁匠为马钉掌，可是前几天所有的马掌都用完了。铁匠只能临时做了四个马掌，可钉了三个之后，发现又没有钉子了，铁匠不得不临时去砸两个。可这时军号已经吹响了。铁匠情急之下就少钉了一颗。

两军交锋，理查德冲锋陷阵，勇猛作战。突然，座下的马一个踉跄，跌翻在地，理查德也被掀到马下，被敌军俘获。什么原因呢？因为"少了一个铁钉，丢了一只马掌；少了一只马掌，丢了一匹战马；丢了一匹战马，败了一场战役；败了一场战役，失了一个国家"。钉马掌时，铁匠一定没有想到，少了一颗钉子对当时的作战有多大的影响，但恰恰是这颗马蹄钉的缺少，导致了一场败仗。

"细节决定成败"，在战争领域，就是"细节决定生死"。战场上1%的失误，可能导致100%的失败。平时看似鸡毛蒜皮的小事，到了战场上都可能被放大成胜负攸关的大事。战争史上，因细节问题而影响作战行动和战争结局的例子并不少见。英阿马岛之战中，阿根廷海军的圣·路易斯号潜艇至少有3次突破英海军防御圈的绝好机会。并先后发射了6枚SST–4线导鱼雷，可惜无一命中目标。战后调查发现，主要原因是一个军官在维护保养潜艇火控系统时，误把发射管中专为鱼雷提供电源的双相直流插头极性接反，致使鱼雷无法锁定攻击目标。有专家指出，如果这些鱼雷的电极未接反，英海军舰艇可能会遭到灭顶之灾，马岛之战也许会是另外一种结局。

但历史没有如果，战争没有假设，从一定程度上来说，战场细节改写了战况，影响了战局和历史。

甲午战争前夕，一名外国记者在参观北洋水师时，看到士兵把一门新型速射炮塔当作狗肉、米饭和咸菜的储藏室，由此得出结论：北洋海军必败。战事一起，诸多此类“差之毫厘”的细节小事成为“溃败的蚁穴”。黄海大战中邓世昌所在的“致远”舰，缺少截堵水门的橡皮，致使舰体中弹后，舱口封堵不上，船舱大量进水，船体迅速倾斜，250名官兵壮烈殉国。“定远”舰配炮零件不配套，导致海战中配炮损伤时，不得不停止射击，沦为4艘日舰围攻的活靶子。

粗，兵家之大忌；细，治军之要则。《三略·上略》中说：“察其天地，伺其空隙。”《韩非子·喻老》篇云：“千丈之堤，以蝼蚁之穴溃；百尺之宝，以突隙之烟焚。”《李卫公问对·卷中》说：“伺隙捣虚。”《三十六计》中说：“微隙在所必乘；微利在所必得。”“变敌方小的疏忽，为我方大的胜利。”这些耐人寻味的古训，就是警示我们，作战不要轻视小的漏洞，小的疏忽，小的缝隙。而要善于察微、用微，“伺隙捣虚”。以细求实，对于军队建设、军事斗争准备和军人良好素质的养成，特别重要。军队是一部联动的“机器”，任何一个细节都与整体密切相关，得失成败间，一细抵万金。“大意失荆州”，不仅是战场之千古遗训，也是平时部队工作之警示良言；而战时胜利之“细功”，皆在于平时的细微养成和积累。

抗日战争时期，蔡廷锴将军由于从侵华日军都穿硬底皮靴上看出漏洞，采用“撒豆成兵”，使一个个日军在爱国将士的钢刀下报销。朝鲜战场上，志愿军排长杨坚在一块石头上捡到一个空纸烟盒，里边烟味极浓，他从这一小小的细节中判断出敌人就在附近，于是立即组织战斗，一举歼敌近百人。

1955 年，张爱萍将军对一江山岛发起登陆作战时，针对敌情、气象水文，就连登陆船抵岸易撞岩；抢占滩头，战士鞋中容易灌沙粒都考虑在内，研究制定出“用汽车轮胎挂船舷缓冲”“袜子缝在鞋帮上”等方法。正是凭着这股一丝不苟的劲儿，才取得“仅三小时克一江山岛”的胜利。

未来信息化战场情况更复杂多变，细节更繁多，摁错一个按钮、拧错一个螺丝钉、接错一根导线……人人都是关键一环，事事都关乎成败。正如《未来战争》一书中所说：“在信息化战争中，你可能拥有 100 ∶ 1 的优势，但是，这种优势可能因为一根保险丝而全面改变。”据《解放军报》报道，某“红蓝”对抗演习中，“红军”因忘记电磁静默、留下行军痕迹等小问题被“蓝军”“连锅端”。此类故事并不鲜见。《士兵突击》中，因许三多怀揣 2 个刚煮熟的鸡蛋，导致钢七连的伪装阵地被“敌”红外侦察仪捕获，全连演习失利。

某特战连连长魏巍讲述的一个关于鞋子的故事，至今印象深刻。说是在组织一次行军训练时，有的官兵对穿作战靴发起了牢骚，有的战士甚至偷偷把作战靴换成了胶鞋。当队伍走进深山，天色暗了下来。“全连注意，前方 1 公里处有敌巡逻哨流动，现在快速沿 2547 高地右侧迂回至预定地域！”魏连长下达了急行军命令。行军途中，穿胶鞋的几个战士有的因为没有看清地形把脚崴了，有的因为鞋里进了沙石把脚磨破了，还有的脚被骆驼刺扎伤了，苦不堪言。魏连长及时对穿错胶鞋的战士进行了批评。自那以后，连队行军时再也没人提议穿胶鞋了。

日前，浏览新闻，稍一留意“鞋事”：“一名参谋因没按规定穿作战靴参加五公里武装越野考核，被勒令重考”，“早上起床，官兵一件重要的事就是将鞋擦亮”，“午休，卧床休息的官兵总是和衣而睡，有的甚至连鞋都没有脱掉”，“晚就寝，官兵鞋子的摆向并没有统一，下铺的鞋尖朝外，上铺的鞋尖朝里”……也许很少有人想到，这些看似不重要的日常“鞋事”，都说出了官兵准备打仗的“大事”。

打仗无小事，细节多一分，胜利就多十分。细节上的高下，在平时可能只是业余和专业的不同，而在战时就是生与死的区别。一旦战争打响，任何一个节点出现问题，就可能像“国王的马没钉马掌”，连队的兵没按规定“穿错了鞋”一样，都会付出血的代价，甚至影响整个战争的胜败。

邓小平同志曾经指出：“我们的事业总是要求精雕细刻，没有一样事情不是一点一滴的成绩积累起来的。”做工作、抓落实，把上级指标具体化，一定要精细，注重末端落实。特别是一些重要工作，涉及面比较宽，需要解决的问题比较复杂，尤其需要我们一个环节一个环节严抠细抓，有的工作还要多杀几个“回马枪”，多来几次“回头看”。粗枝大叶，马马虎虎，就可能影响工作落实到位，有时甚至“一着不慎，满盘皆输”。

“原则问题不让步，细微问题不放过！”这是某部士官张新员安全保障战机飞行1900多小时、4000多个架次，发现和排除飞机重大故障隐患40余起的一条经验。一天，团里组织跨昼夜飞行，当飞机第一个起落着陆后，张新员按照程序仔细检查飞机。当他检查到右起落架时，发现主轮胎标线没有对齐。张新员立即警觉地趴到轮胎上仔细观察，并用标尺进行测量，发现轮胎存在2毫米错位。2毫米虽然不大，而且更换主轮胎费时费力。但张新员首先想到的是这2毫米可能对战友安全、国家财产构成威胁，来不得半点马虎。于是，他立即组织机组人员顶千斤顶、拆装主轮胎、检查各部位情况，有力地保障了飞行安全。

全军学习成才标兵次主带领全班战士“以最大的努力，提高多一点点的打赢能力，追求多一点点的打赢可能”。为了“在战场上，永远要当胜利的那一个”，他追求的“打赢细节”处处可见：每天晚上睡觉前，他都会按照顺序把帽子、上衣、裤子叠放好，确保一听紧急集合哨就能迅速着装；个人携行战备物资一样不落地置于床头柜，伸手可及，提上就走；每隔两天，他都会更换军用水壶里的开水，确保紧急出动时挎上就能用，甚至连鞋架上的陆战靴、胶鞋和拖鞋的摆放顺序，主次都进行了研究和测试，按照最利于快速反应的要求摆放……

克劳塞维茨认为：“士兵应征入伍，穿上军装，拿起武器，接受训练以及睡眠、吃饭、喝水、行军，这一切都只是为了在适当的地点和适当的时间进行战斗。”

我们正步入一个细节化管理和生活时代，随着现代化分工越来越细，专业化程度越来越高，“细节”问题已显得尤为重要。这样的话，“小事”其实也就是“大事”。

青年战友们，无论在哪个岗位上，从事哪项工作，都要做到认真细致，只有平时将影响未来作战胜负的军事技能、后勤保障各个要素都做到极致，多考虑一些“意想不到”，每一个细节都做到毫厘不差，才能在未来战场上应付自如。

13 踮起“脚尖”望战场，看多远才能打多远

大国军人要有全球视野。古人云：“不谋全局者不足以谋一域，不谋万世者不足以谋一时。”只有胸怀战略全局，紧跟世界新军事变革步伐，不断拓展战略视野和现代军事思维，不断研究对手，学习对手，善于用敌人的思想去“思考”，才能把握制胜之道、牢牢占据战场主动。

如果我是敌人，我会制定怎样的战略

公安人员侦破刑事案件时，习惯于“换位思考”，设想“如果我是罪犯”，在类似情况下会怎样作案，怎样销赃灭迹，或制造假象嫁祸于人，这在刑事侦察学上叫作“设身处地法”。它能帮助公安人员走出疑案的迷宫，捉住老奸巨猾的犯罪分子。

还有各行各业为提高行业质量，开展的“如果我是顾客”“如果我是患者”……也都可以说是“换位”之法，只不过是摆在自己服务对象的位置上去研究改进自己的工作。

《战争通则》中写到：“如果我是敌人，我会制定怎样的战略？”由此可见，对手好比一把卡尺，只有善用对手的标准度量

自己，才能走出“不识庐山真面目，只缘身在此山中”的思维误区。

电影《解放》中有这样一个镜头：当朱可夫的坦克部队即将到达柏林城下时，出现了脱离后续、失去后勤保障的情况。这时，朱可夫对他的坦克集团军司令说：“你设想一下，如果你是德军的柏林战役司令官古德里安，你现在有 23 个师的兵力，其中 7 个是坦克和摩托化师。朱可夫现在攻打柏林，而罗科索夫斯基的部队还在波美拉尼亚，离朱可夫还有 150 千米，在这种形势下，你会怎么行动？”坦克集团军司令卡图科夫回答说：“那我就使用坦克从北面攻打，切断朱可夫元帅的进攻部队。”朱可夫听后急忙说：“对啊，对啊，这是古德里安唯一的好机会。”于是，他命令第一坦克集团军急忙北上，攻击德军的翼侧反击部队，保障了柏林战役的顺利进行。朱可夫这次用兵之妙，正是让卡图科夫当了一回“蓝军”——敌人的指挥官，用对手的眼光剖析自我，用对手的招法检验自我，用对手的标准评判自我，通过“换位”摸到了敌人行动的脉搏。美军海外用兵无数次，都鲜有败绩，一个重要原因就是，他们准备在哪个“客场”打仗，就在相似的“客场”练兵，因而具有较强的环境适应能力和角色转换能力。按照一位海军将领的说法，“就海军作战而言，我们已不再是在客场比赛，但也不是在主场比赛，而是将这两种角色融合为一场主客兼备的比赛”。把“客场”当成了“主场”。把“蓝军”摸得门儿清，了然于胸，不胜才怪。

《兵经百篇》有一段精辟的论述：“我可以此制人，即思人可以此制我，而设一防。我可以以此防人之制人，即思人可以此防我之制，而思一破人之防。我破彼防，彼破我防，而又设一破彼之破……”这段话的基本精神是：敌我双方作战对策是相互作用的，“我变”必导致“敌变”，“敌变”又促进“我变”；从“我变”中推知“敌变”，进而可以把握“敌变”。战争情况下是这样，在平时训练演习中，同样需要通过扮演“蓝军”，达到真正“知彼”的目的。好比演戏，正面角色只有熟知反面角色的戏，才能把正面角色演得真实丰满。所以，在军事斗争的大舞台上，对“蓝军”不仅要敢于去当，还一定要当好、当像，当成有头有脑、有智有谋的高手。

那年，全军爱军精武标兵、某潜艇艇长华明配合兄弟部队进行反潜演练，海面上战舰疾驰，银鹰穿梭，将包围圈一点一点缩小。海面下华明指挥潜艇东躲西藏、左突右防，总是神龙见首不见尾。毕竟双拳难敌四手，随着时间的推移，华明渐渐被逼入死角。关键时刻，华明指挥潜艇把海水搅了个底朝天，竟在众目睽睽之下一溜烟跑掉了。

不久后，华明率艇参加上级组织的对抗演练，充当突然闯入的第三方。华明先埋伏在蓝方的航道上，对舰艇编队突然攻击袭扰，等战斗打得差不多了，他又杀一个回马枪，将红方舰艇挨个“点名”，搞得红蓝双方叫苦不迭。

战场变幻莫测，既拼血性，也斗理性，只有善用对手的思维看问题，才能达到“反客为主”“料敌如神”的境界，制定出科学有效的应对之策，从而牢牢把握战争的主动权。

华明认为，要了解自己的是敌人，同理，要想了解敌人，不打糊涂仗，只能下功夫琢磨敌人、研究敌人，最终成为“敌人”，以至拥有他的“样子”，牵住他的“魂”，用这样一个“真实”的对手，在不断的推演中提升战斗力，在同对手的对抗中，真正磨炼自己，提升本领。

在2014年参加“和平使命——海上中俄联合军演”时，导演部为增加反潜对抗的难度，设置了比较苛刻的战场环境。俄方4艘大型舰艇在一个狭小的区域里面，对我实施反潜。当时导演部计算我潜艇被发现的概率达到99%。面对这个不可能完成的任务，华明慨然接受了挑战。演习当天，俄方4艘舰排成一字形进攻队形，在这个区域展开水下搜索。华明巧妙地利用海上条件，时而出动，时而静卧，和俄4艘舰玩起了捉迷藏游戏。但是随着时间的推移，俄舰与我艇的距离越来越近，“在舱内就能感觉到对方的嘈杂声”。突然，声呐报告左舷30度听到了上舰的航行噪声信号，这时华明及时下达转向命令：“航向090，深度180米”，果断指挥潜艇利用上舰的噪声进行突破。在俄舰没有察觉的情况下，迅速通过了他们布下的天罗地网，成功实施突破，并对俄舰进行攻击。演习结束后，怀着优越感而来的俄方舰长放下身段，频频向他这个中国学生竖起大拇指。

《孙子兵法》云：“不可胜在己，可胜在敌。”善于用对手的思维思考问题，是能打胜仗的一个重要因素。

美国退役军官保罗瓦富利有一段精彩论述：“反恐战争具有特殊内容，不能简单凭借军事力量完成所有的任务，美国若要取得胜利，就必须停止西方人思维，用敌人的思维去思考问题。”不仅反恐，任何战争皆如此。太平洋战争之初，美军在战场节节失利，与其说是准备不足，不如说是思维不适应。有人甚至发出悲叹："我们无论做什么，日本人一定反其道而行之。"直到美军认识到"若要取得胜利必须停止西方人的思维，用敌人的思维去思考问题"，预先判断出敌人"只能这样"，就实现了驾驭对手的思维，就能在战场上牵着敌人的鼻子走、拖着敌人的辫子打。

某部在研究外军集训的集训中，让各级指挥员都当一当敌军同级的指挥官，并按照敌军的编制、装备和战术特点，让他们进行图上作业、沙盘作业和现地演练，使大家进一步了解熟悉敌军。这种善当反面角色以利提高自己的做法，形象、直观，容易使参演人员进入角色。

自然，我们办得到的，敌人不一定办得到；而我们办不到的，敌人并非也办不到。各有各的条件，不能离开客观条件去任意设想敌人的行动。如果仍然是用现在的头脑去想当"敌人"，所谓"想定想定，怎么想就怎么定"，正是对战术演练中的主观唯心主义的嘲讽。西方军事家毛奇曾告诫部下：你能想到的，敌人也能想到；你想不到的，敌人或许都能想到。平时演习中，尊重对手选择的权利，并尽可能把情况想得复杂些，可以促使我们找出更多的应变之策，从而在战争中立于不败之地。

在未来信息化战争中，前台是硬碰硬的较量，后台是指挥员思维的较量，熟悉对手的思维方式、掌控有力、应对得法，往往会取得一招制敌的效果。

学会用对手的思维看问题，关键是要掌握对手的"软资源"，摸透对手的"软实力"，凭借着深厚的人文积淀，既能站在自己的立场上想问题，又能站在对手的角度上想问题，方能跳出思维局限，识破敌人的心思和伎俩，在未来战场上出奇制胜。

某团四连为全面摸清外军的作战理念、战法谋略等，他们放开视野，借梯登高，不仅与上级信息情报部门建立了联系，还先后与 6 所军队院校建起了蓝军知识共享专线，吸收 18 名专家教授成为连队“荣誉士兵”。

阵前出击、交替脱离、快速反击……迎外演习中，四连模拟外军战术动作，逼真展示了外军各个时期的战斗特点。35 个国家的 53 名驻华武官现场观摩，不同肤色的军人用不同的语言表达着肯定和赞赏。见此情形，几位同为连队“荣誉士兵”的专家相视一笑：“强大的蓝军，必将练就无敌的红军。”

“换位思考”，让公安人员“案件再复杂，总能找到犯罪分子的蛛丝马迹”。战争虽是最不确定的王国，但只要我们深入研究现代战争制胜机理，认真分析对手战斗力的来龙去脉，也一定能找到其中的规律、掐住敌人的“要穴”，就一定能打赢。放眼信息化战争，道理同样如此。

让看得见炮火的人呼唤炮火

近读《杨成武回忆录》，将军在回忆长征途中召开战前会的情景时说：“在行军纵队中，忽然一簇人凑拢在一起。这群人刚散开，接着出现更多的人群，他们一面跑，一面在激动地说着什么。这是连队的党支部委员会和党小组一边行军、一边开会啊！时间逼得我们不可能停下来开会，必须在急行军中来讨论怎样完成党的任务了。”

这样亲切、感人的场景在军史、战史中频繁出现。

1947 年 5 月 2 日，正当发动重点进攻的胡宗南集团 9 个旅占领绥德，大肆吹嘘北进“胜利”的时候，西北野战军于黄昏时分对蟠龙发起了进攻。3 日晨发起总攻，独立第四旅在新编第四旅 1 个连的配合下，多次猛烈攻击集玉峁敌主阵地，因未压制住敌暗射火力点和扫除铁丝网而未能奏效；担任夺取蟠龙以北高地的第一纵队一部也攻击受阻。彭德怀当即决定停止攻击，令各部门发扬军事民主，召开连排干部会和班战士会，总结经验教训，讨论如何夺取阵地。广大官兵不仅是打赢的“刀尖子”，也是打赢的“百宝箱”。在被称之为“火线诸葛亮会议”上，指战员纷纷献计献策，提出采用外壕作业逼近铁丝网和敌堡、以爆破扫除障碍开辟冲锋道路、将攻击部队编成战斗组轮番佯攻消耗敌人火力等各种有效办法。当日下午，独立第四旅再次发起猛攻，从东、南两面一举突破敌碉堡群，运用手榴弹、刺刀近战手段，攻占了集玉峁以北两个阵地。4 日黄昏，各攻击部队居高临下向蟠龙镇猛攻，战至 24 时，歼敌 6700 余人，俘少将旅长李昆岗，缴获大量武器弹药及物资。

发扬军事民主，集中群众智慧，是我军建设和作战的一条重要经验。毛泽东在《军队内部的民主运动》中说：“关于军事民主，必须在练兵时实行官兵互教，兵兵互教；在作战时，实行在火线上开连队各种大、小会，在连队首长指导下，发动士兵群众讨论如何攻克敌阵，如何完成战斗任务。”他还说，在某种意义上说，最聪明最有才能的是最有实践经验的战士。

从抗日战争时期的“麻雀战”“地道战”“地雷战”，到解放战争时期的“围点打援”“一点两面”；从抗美援朝的“坑道战”，到和平年代的“郭兴福教学法”……一系列的战术战法，无不发端于官兵，无不起源于基层。

东汉杰出的思想家王充在其著作《论衡》中言道：“知屋漏者在宇下，知政失者在草野，知经误者在诸子。”中外战争史上，许多重大战略问题，多是由一些民间人士提出和参与决策的。春秋时期，鲁国的平民曹刿，国难当头之际，向鲁庄公进骄敌、疲敌之计，在战争史上留下以弱胜强的经典战例。诸葛亮作为一介书生，感于刘备的三顾茅庐，《隆中对》提出了“跨有荆益，保其岩阻，西和诸戎，南抚彝、越，外结孙权，内修政理”的战略主张，使本无立锥之地的刘备，在群雄竞起之中，三分天下，占据了一席之地。戴高乐将军提出“下一次战争将是坦克战”的科学预见时，还是在法国军事学院学习的一名学员。

联想到当前正在推进的国防和军队改革，可以再加上一句：“知胜战者在卒伍”。基层官兵虽然是各个领域、各个层次、各个岗位上的“轻兵小卒”，但他们身处作战体系链条的末端，是各类信息系统的操作者、具体战法的应用者。对于战术的优劣、装备的“瓶颈”、技术的“短板”，他们心里最有数也最有发言权。

伊拉克战争后，美军每年都要在华盛顿举办的陆军年会上举行“十大发明”颁奖仪式，评审委员会主要由具有实战经验的前线士官和基层军官组成。这些发明重视的是来自战斗前线和泥水风沙中的士兵的认可。

司马迁说：“聪者听于无声，明者见于未形。”意指真正头脑聪慧而且高瞻远瞩的人，能够在问题没有出现时看出端倪，在事情还没有发生前看出征兆。1950 年 6 月，朝鲜战争爆发初期，朝鲜人民军仅用两个月时间，就将李承晚部赶到朝鲜半岛东南角洛东江一带。此时苏、朝领导人对形势过于乐观，以为胜利在即。然而，周总理的军事秘书雷英夫，凭借过硬的战略素养和敏锐的洞察能力，分析预测“美军可能在朝鲜仁川港登陆，搞突然袭击截断人民军后路”，为我军战略决策提供了重要参考。事后，毛泽东赞赏他说：“不要什么都认为美国如何如何，我们的小参谋能预测出麦克阿瑟的登陆时间和地点，而且是那样精确，这可以说在军事历史上都是不多见的，我们的小参谋是可以大有作为的。”

毛泽东还曾经说过这样一句话：“在某种意义上说，最聪明最有才能的是最有实践经验的战士。”一线士兵最明白任务的需求，最了解武器的脾性，对“战场”情况最有发言权。

被誉为“士官奇才”的陈甲生对改进某型装备技战性能上也发挥了大作用。在一次上级组织的某新型装备训练情况调研会上，会议一开始，各大单位纷纷介绍各自抓装备训练的经验做法，但当轮到陈甲生发言时，向来沉默寡言的他却突然“发飙”：新装备的天线回扫一周需耗时 1 分多钟，一定程度上影响到搜索、扫描信号的效率，建议将已定型的全自动天线改成手动和自动两种控制模式。

此语一出，震惊四座。因为是新列装装备，所以许多单位大都从创新训练方法，提升训练效益的角度展开针对性训练，很少有人对集各种创新技术为一体的新装备战技性能提出修改意见。陈甲生以大量事实为依据，以翔实的数据为参考，从实际操作、战场效益等 5 个角度分析了“为什么要改进装备以及如何入手改进”等问题。经过深入细致调研，领导和专家一致认同了陈甲生的建议。3 个月后，在生产厂家的技术支持下，陈甲生参与研制改造的“某新型装备控制软件”列装全军。这一改进不仅极大地提升了装备反应速度，而且使训练实战效益比以往提高了近两倍，同年底，厂家破格聘请陈甲生为该型装备的“监造官”。

不经意间，陈甲生创造了一项纪录——全军同类部门中唯一一个被厂家聘为“监造官”的士官。

无独有偶。即便面对上级领导和兄弟单位的质疑，三级军士长刘隆武语气坚决：我对自己的战位负责，出了问题找我。

南海某海域，一场由军舰、战机、潜艇等多兵种参加的海上实兵对抗演习拉开帷幕，电磁信号异常复杂，光信号参数就占满了整整 3 块电脑显示屏。

“班长，有信号忽然出现两秒就不见了！”刚实施完红外干扰成功抗击来袭导弹的刘隆武，还没歇口气就接到紧急报告。

“滴滴滴……”刘隆武敏感的神经再次绷紧，迅速抄录信号并与数据库比对后作出判别：“这是 ×× 国某侦察机雷达信号。”然而，当舰长迅即将目标方位通报给空中指挥平台后，反馈信息却显示该方位没有任何目标。刘隆武坚持己见，再次向上级报告。为防患于未然，编队提高了警戒级别并启动应对预案。半小时后，×× 国侦察机临空。

由此可见，战略研究决不只是战略家们的事，平民百姓不仅能够研究战略问题，而且能为决策者提供能打仗、打胜仗之策。

大鹏之动，非一羽之轻也；骐骥之速，非一足之力也。随着国防和军队改革不断深化，对利益关系的触动将越来越深，遭遇的矛盾也会越来越突出。解决复杂的问题，越要依靠广大官兵的智慧，越要呼唤“草根智慧”；未来的信息化战争，被人们称为“班长的战争”。指挥形式由过去的“树状结构”变为“扁平结构”，一个单兵就可以成为一个作战平台，一个班长可以调动直升机支持作战，一个合成营营长需要指挥10余个兵种协同作战。“让听得见炮声的人来呼唤炮火”已成为现实，也给基层官兵带来前所未有的挑战。

请看得见炮火的你，大声呼唤炮火！

能看透多少失败，就能赢得多少胜利

有哲人说：“能看清多远过去，就能赢得多远未来。”同样，能看透多少失败，就能赢得多少胜利。诸葛亮曾说：“欲思其利，必虑其害，欲思其成，必虑其败。”这就是说，做任何事情，考虑任何问题，都要兼顾有利和有害两方面的问题。打仗也是这样，要想胜，必须考虑其败，只有想到了败，即想到了战斗中可能造成的失利因素，才能预先有准备，克其不利，解其危险。也诚如《百战奇略》中提出：“凡战虽大败，毋气馁，当安闲静镇，励器械，激士卒，伺敌懈而击之，则反败为胜。”

纵观古今战史，研究失败的演练古今有之。春秋末年，伍子胥佐吴整军，不是先练怎样打胜仗，而是让对抗双方放开手脚打，让败方把致败的因素想深、析透，找寻打败后如何讨回制胜方略的战术，对此，伍子胥解释说，知败者为知胜者之母，知胜者明胜之因，将立于不败之地。结果吴军屡战屡胜。

电视连续剧《长征》中有一个情节给人印象很深：毛主席在遵义会议之后指挥的第一仗土城战役，没有达到预想目的，用他自己的话说就是“走马上任，马失前蹄”。但在博古等“左”倾军事路线代表面前，他并没有掩饰自己，而是认真总结了其中的经验教训，随后带领红军四渡赤水，由被动变为主动。

毛泽东在革命战争的初期曾经说过，不失败，我们就不知道仗怎么打。后来他又说：“人们经过失败之后，也就从失败取得教训，改正自己的思想使之适合于外界的规律性，人们就能变失败为胜利，所谓‘失败是成功之母，吃一堑长一智’就是这个道理。”

革命战争时期，毛泽东经常反思自己指挥的长沙战役、高兴圩战斗、土城战斗、茅台战斗等“败走麦城”的经验教训；即便是在解放战争接近最后胜利的大好形势下，毛泽东在忙于部署和指挥三大战役的时候，于1948年10月28日给各部队首长发了一个电报，以两个独立师团不认真准备而打了败仗的教训告诫部队：“请你们在全军干部中进行教育，引证不良战例以为鉴戒”。

正是因为以毛泽东为典范的我军众多指挥员坚持以这种不回避打败仗的态度，“从战争中学习战争”，不断检讨、反思、总结每一场战争，以“败仗”为镜，从胜仗中看到隐患，从败绩中汲取营养，随时为下一场战争做足准备，才有了四渡赤水、“三大战役”等战争奇迹，有了中国革命的伟大胜利。从一定程度上可以说不断总结败仗教训，恰是毛泽东“用兵如神”的智慧之源。

当今，许多国家的军队组织演习也常设置对手胜利的情况，认为这样能从实际出发，避免一厢情愿，有利于发现存在的问题，找出制胜的对策。比如，一直以来，美军上下对历史的败绩并无太多禁忌，大多可以公开讨论研究，对美军而言，最大的战败莫过于朝鲜战争和越南战争，虽然时间已过去了几十年，但直到现在，美军仍然没有停止对这两场战争的总结和反思。

现在很多美国军官直言不讳，认为海湾战争的胜利来自越战的反思。当年从金兰湾狼狈撤出的第二十三步兵师的两位青年军官克林·鲍威尔少校和诺曼·施瓦茨科普夫中校，海湾战争时皆以四星上将军衔担任美军指挥作战的首脑。前者是参谋长联席会议主席，后者是海湾战地美军中央总部司令。连胜军的统帅，也是从败军中一身泥水里摔打出来的。

对失败揪住不放，对胜利格外当心的心态推动下列现象出现：冷战时期美军组织的对抗演习多数是扮演“蓝军”的美军获胜；海湾战争后则一反常态，“假想敌”战胜“美军”的胜率达90%以上，这种用训练场上失利换取战场上胜利的做法，正是美军实战化训练的得意之笔。

《孙子兵法·九地》里讲道：“投之亡地然后存，陷之死地然后生。”这种一次又一次置自己于败军位置的做法，如果认为这是自认失败、自甘失败，就大错特错了。哪一个军人不梦求胜利？从某种意义上说，直面失败，设想失败，研究失败，恰是一种更加急切与旺盛的求胜心态。

报载，在美伊战争中，伊拉克总统萨达姆扬言，他已经摆好了城市游击巷战的阵势恭迎美国大兵。在摩加迪沙吃过巷战苦头的美国大兵不敢掉以轻心，他们在苦练怎么打仗的同时，也在苦练打败后如何当俘虏。在模拟的战俘营里，扮演看守的教官穿着伊拉克军装，说着阿拉伯语，对俘虏拳打脚踢，乃至电击、灌水、不准吃东西、不准喝水、不准睡觉。由于过于逼真，以致一些学员精神恍惚，觉得自己真是战俘，有的学员的体重一下子掉了 15 磅。

不难看出，这种准备是残酷的，但却是必要的，这可以为失败做好充分的心理和生理准备，一旦身临绝境就可以从容应付。

美国《失败》杂志 2005 年 3 月的一篇报道，针对伊拉克安全局势不稳的情况，美国白宫责令驻伊美军有关部门加强“失败研究”，从频繁遭受袭击的事件中找出切实可行的办法，改变不利局面。甲午战争后，日本历史小说家司马辽太郎撰写了长达几百万字的《阪上之云》，后被改编成长达 20 多小时的 13 集电视剧，系统总结反思他们称作“日清战争”的经验教训。第二次世界大战结束后，掌握太平洋战争开战关键的日本旧海军司令部的参谋们，秘密聚集在一起举行“海军反省会”，讨论战败的原因。从 1980 年到 1991 年的 11 年间，共举行了 131 次。最近，日本成立了“活用失败知识研究会”，俄罗斯也将建立“失败纪念馆”……

平时多研败，战时少流血。在训练演习中，多年来我们形成了一种固定不变的模式，无论是联合战役演习，还是合同战术演练，其结果往往都是“红胜蓝败”。试想一下，难道我们在未来作战中就碰不到可能出现的险局、残局、僵局甚至危局、败局吗？都能“凯旋而归”吗？毛泽东讲：“我们不能要求事实上的常胜将军，这是从古以来就很少的。”而对任何一支参加演习的部队来说，演习结果的好坏乃兵家常事，但打了败仗怎么说也不是一件荣耀的事，甚至含有一些屈辱的意味，中国有句老话，叫“知耻近乎勇”。倘若能从“败仗”中发现不足，认识差距，寻找对策，学会打胜仗，这无疑是一件大大的好事。演习的目的恐怕就在于此吧？然而，由于种种原因，我们往往对失败的战例研究得不够，过去有些回忆录和部队战史对自己“走麦城”的经历也往往讲得不多、不细。

可喜的是，现在我军已经注意这个问题，在部队的教育训练和演习中增加了“失败”的内容。指战员闻败战而不气馁，直面败战、正视败战、反思败战，正是向战场打赢前进必不可少的一步。军队报刊上发表这方面的文章也渐渐多了起来。《解放军报》报道，某部参谋谢志刚送别老连长李光帅，接任四连连长。临行之前，李光帅从口袋里掏出个小本本，郑重其事地交给谢志刚说：“上面记录着我和上一任连长在职期间出现的失误，希望你能吸取教训，避免犯同样的错误，把连队越带越好。”打开细看，原来是一份“失误清单”——2012 年新兵第二适应期，由于军事训练安排过急，造成 2 名新兵在摔擒训练中心擦伤胳膊；2013 年 11 月，由于个人心急气躁，没有做好任务前检查工作，到达任务区域后才发现，3 名战士没有带水壶……

一份份“失误清单”，就是一个个前车之鉴。它记录下了前任的失误、差错、教训和泪水，成为继任者耳边常响的警钟，这样的交接，可以让继任者走得更远，走得更稳。事情虽小，发人深省。

《新盛世危言》中说得好："许多人习惯动不动就是介绍经验——功率，没有见过介绍教训——亏率。其实，只有从亏率中才能找到新的财富。"在战争中挫折、失败时有发生，比如，明天的战争，战略目标肯定是打赢，但谁能排除局部战斗失败的可能？欲思其利，必虑其害，欲思其成，必虑其败。拟制作战计划、起草作战方案，不妨把应对战败的对策措施纳入进来。平时多练练反败为胜的招数、战法，比如，如何做好败退中的组织指挥和政治工作；如何利用敌人的短板弱项予以反击；如何有效保存实力，减少无效的战争耗损；等等，变被动为主动，变小败为大胜。多在"失败者的交椅"上坐一坐。小败小得、大败大得，把败战中暴露的问题及时解决在打仗之前，上了战场就会多一分胜算的机会。

青年战友们，你是否也有一份自己的"失败清单"！

14 让一颗子弹练出一箱子弹的效果

用心用脑训练，善于总结，多找不足，打一仗进一步。

神枪手是用脑子练出来的

清朝的唐甄在《潜书》中说：“心，灵物也；不用则存，小用之则小成，大用之则大成，变用之则至神。”他说的“心”，其实就是脑子。脑子越用越灵，不用就要生锈，一句话就是要用脑子多思考问题。

毛主席讲，正确的决心来源于正确的判断，正确的判断来源于对正确情况的分析。这个正确的“分析”“判断”，是深入学习思考的结果。毛主席一生将《共产党宣言》读过多遍，每读一次都作一次深刻的思索，从中找到了马克思主义同中国革命具体实际相结合的最佳道路，并形成了独具特色的毛泽东思想。

粟裕大将一生征战无数，之所以百战百胜，勤奋思考是一个重要原因。一代名将粟裕终生不会打牌下棋，不会喝酒跳舞，一辈子最大的爱好就是观地形、看地图。胜利进城后，在繁华的大

街上，别人逛商店，他却琢磨这个街区怎样攻占，那个要塞如何固守。因为勤奋思考，他能够料敌如神、未雨绸缪，多手准备、出奇制胜。

思必须以学为基础，学必须依靠思来深化。学，可以使人知识广博，视野开阔，思维敏锐；思，可以使人提高判断力，增强应变力，激发创造力。朱熹有言：“学便是读，读了又思，思了又读，自然有意，若读而不思，则不知其味……若读得熟而又精，自然心与理合，永远不忘。”在知识积累的过程中，应该勤于动脑，善于思考。学习与思考需交替进行，才能收到实效，正如程颐所说：“为学者，必本于思，思则得之，不思则不得之。”孔子提倡“再思”，如此，把学到的东西，经过思考，成为自己头脑里“会发酵”的知识，才能做到“活读运心智，不为书奴仆，泥沙悉淘汰，所取为珠玉”。

记得菲德烈大帝在讽刺手下那些头脑简单，常常挂一漏万的军官时说：“一匹在尤金亲王帐下服务的骡子，虽然经过了 20 次战争，但是它却不会变成一个优秀的战术家。”

因为优秀的战术家应该是时时都在认真研究情况的指挥员，他虽然不能预见战争发展中的全部细节，但懂得如何用脑袋去思考战争发展变化的可能，并作出相应的计划措施。这些骡子是无法代劳的。

最近，阅读安东・亨利・约米尼的《战争艺术》一书，全书从战争政策、作战指挥、战略战术的运用到战争勤务，共讲了七个问题，数了数，其中所作的“假设”就有两百多个。随手一翻，便有“假设”。仅“退却和追击”一节，就从时间和空间的不同角度假设了19种情况。例如：在谈到选择退却时机时，约米尼作了两种假设。如果你要全力奋战到黑夜到来之前，约米尼写道：

> 假使在夜幕降临，黑暗笼罩下被迫开始退却，军队对什么都不明了，也不知道应该怎么办，那么用什么方法能避免军队的崩溃呢？反之，假使你在白天即撤出战场，而不等待最后的转机，那么你有可能恰恰在敌人已经停止进攻时遭到溃败。这种退却会使部队丧失信心。

这两个“假设”确实有独到之处。退却和追击，一个属于被动形式，一个属于主动形式。选择撤退时机，通常属于败战计之列，倘若想不到前者，将会招致全军覆灭；而忘记了后者，无疑将会丢失一个转退为追、转败为胜的大好战机。

据说，在一次军事首脑会议上，拿破仑问约米尼：你认为稳操胜券的奥秘何在？约米尼自信地回答：每当我使用“假设法”分析情况时，几乎很少有失败的机会。

可以说，作“假设”思考，成就了“爱思考的将军”约米尼，也使他在军事学术领域里创造了卓越的成绩。

另一位兵学大家克劳塞维茨研究一个战例，则要从6个角度去思考其中的道理。他认真分析拿破仑战争时代的130多个战例，写出了兵学经典《战争论》，欧洲才有了具备战略水平的兵法。

多思出智慧，多思出计谋，在“智多星”们的锦囊里，装的不是现成的原则，而是无数的“？”，然而把“？”拉直便是“！”，所谓先知先觉，神机妙算者，只不过是在事前就比常人想得更多，思得更深。近年来，全军推出的践行强军目标标兵、学习成才标兵、爱军精武标兵等先进典型成长成才的经历也印证了这一点。

“神枪手是用子弹喂出来的吗？”而对这个困扰过很多人的问题，面目黝黑、精神干练的“神枪手”邓渝波眼睛一瞪：

“扯！”他撇撇嘴说，“打枪不用脑子，打再多子弹也白搭。”

作为教员的他长期给学员灌输的一个射击理念就是“真正的神枪手不仅要有勇敢的心，有力的手，还要有智慧的脑”。“用脑子”打枪，脑子要在子弹之前击穿靶心。邓渝波指着脑袋，对学员们强调，“在量上不断加码，不一定会有质的飞跃。喂子弹那是打疲劳战。用脑子，就是要让学员对每次射击进行详细分析、仔细思考、认真总结，为什么打好了？为什么没打好？为什么偏左或偏右？怎么避免？”组织射击训练时，学员们每打完一轮，邓渝波就会集合队伍，轮流谈射击体会，比如：心理怎样变化、心跳节奏怎么把握、据枪动作如何纠正，等等。“我把这种教学法称为‘自我体会研讨式教学’，让学员主动思考、勤于思考、善于思考，真正‘用脑子’去打枪。”邓渝波说。

十二届全国人大代表、某旅教导队队长贺源，是邓渝波的学生，“用脑子射击”的理念在他身上得到了充分体现。他的射击体会笔记上清晰地记着：“9：05，第三发弹，9环，偏左。预压扳机时用力过猛……”“打一枪有一枪的体会，打一枪有一枪的进步，一发子弹能练出一箱子子弹的效果。我就是靠这个成为全军‘特等射手’。”贺源说，这样的笔记，他记了厚厚3本，有几千个弹着点数据。

某旅两栖侦察队女兵队中队长文敏清楚地记得，作为一名侦察兵，要掌握各种武器射击要领以及在各种环境下的射击，比如岸对海射击、海对岸射击、打移动目标、快速射击、特种姿势射击，等等。在练习手枪多种姿势射击时，分别采用左右手立姿、跪姿、卧姿和仰姿。以前的班长带训，总是喜欢在手臂上吊砖头、吊水壶，觉得这样练能增强据枪的稳定性。文敏在训练中发现，即使是臂力很好的男兵，动作要领掌握不对，也会打光头。她在实践中体会到，其实一把手枪的重量女兵还是可以握住的，关键是据枪的动作要领，正确运用要领就可以保证上靶率。连长在她的建议下，改掉以前的土办法，从侧重力量练习转变为侧重要领掌握，学习借鉴全军及各国的射击原理，不断摸索，总结出适应女兵射击的好经验。在随后的一次全旅军事射击比武中她取得了第一名的好成绩。

和用脑子打靶的神枪手邓渝波、文敏一样，全军学习成才标兵、某机械化步兵团四级军士长贾元友也爱动脑子、用脑子，满脑子都是打赢那些事。

“先下手为强，后下手遭殃”。贾元友对这一亘古不变的战争法则有更深的理解。当时，某新型坦克射击速度师团两级一直没有突破。贾元友大胆设想：“如果能把射击的时间缩短 3 秒、2 秒甚至哪怕 1 秒，都将掌握战场主动权。”缩短几秒，谈何容易！从搜索目标、测距、跟踪，到装弹、瞄准、击发，都受计算机程序的控制，人为提高的空间微乎其微。有人质疑：难道人脑能胜过计算机？贾元友不信这个邪，经过反复实验摸索，总结出“高挡起步、动态瞄准、滑行射击”的方法，使射击时间缩短了 3.2 秒，

“打得快”的难题迎刃而解。

新装备定型不久，只有一本薄薄的《某新式坦克构造与使用》手册。贾元友又琢磨开了：能不能自己写一本训练教材？为揣摩一个动作要领，冬天他曾在如同冰窖的坦克内一待就是几个小时。最终，在装甲兵工程学院专家指导下，他完成了6万余字的新装备操作使用教材。

让人意料不到的是，贾元友同时还在悄悄做着另一件更有意义的事情：他天天围着新坦克转，每个战位都来回体验——哪里设计不合理、哪里设计不安全、哪里射击不方便，都记在本子上。最后，他向厂家提出65条改进建议，厂家一一采纳，并专门聘请贾元友担任新装备专家组成员。

标兵们的经历启示我们：工作、学习和思考是有机联系的，把学习思考当工作，在工作中学习思考，才是工作的完整意义。基层工作千头万绪，只有平时勤于思考，关键时刻才能耳聪目明、能参善谋。应该紧贴工作职责和任务，把更多的时间和精力用在思考上，干一项，长一智，经一事，进一步。带着问题思考。发现和解决问题的过程就是思考的过程，也是实现思想水平质的飞跃的过程。只有带着问题边学习边工作边思考，举一反三，融会贯通，才能得其精髓、获其真谛。

我是靠总结吃饭的

据报道，全军学习成才标兵杨永飞，为研究夺得信息化作战条件下的制空权问题，涉猎了数十种交叉学科知识，攻克了8

项重大技术难题，总结出 4 种战时突击条件，验证了 5 种突击方式，研究出 8 种对不同目标的导弹使用方法，飞出了许多飞行手册上没有的参数，在他研练出的新战法中，60% 以上能在对抗中发挥出“一招制敌”的作用。凭着高超的飞行技能和精湛的技战术水平，杨永飞勇敢地担当起一名空中战斗员和飞行领导干部的责任。

工作每个人都在做，为什么有的人效率高，有的人效率低？如果我们稍稍留意一下，近年来，无论是宣传的英模人物，还是日常工作中那些提高比较快的同志，一个共同的特点，就是每干完一件事，都注意总结和反思，经过不断积累正反两方面经验教训，使自己认识问题的水平和工作才干得以迅速提高。而有的同志是叫干就干，干完就算，稀里糊涂，马马虎虎，知其然不知其所以然，甚至做错了事还不知道错在哪里，以至一错再错，不能吸取应有的教训；做对了也不知对在何处，不能总结经验，指导未来。

学会总结，善于总结，是提高能力素质，增长知识才干的重要途径。只有不断地总结反思，才能把感性的知识理性化，把零碎的做法系统化，把抽象的东西具体化，把丰富的实践经验变为规律性认识，才能真正提高认识和运用规律的能力水平。

毛泽东同志曾经讲过，他自己是“靠总结经验吃饭的”，“在抗日战争前夜和抗日战争时期，我写了一些论文，例如《中国革命战争的战略问题》《论持久战》《新民主主义论》《〈共产党人〉发刊词》，替中央起草过一些关于政策、策略的文件，都是革命经验的总结”。邓小平也曾说：“我是靠总结吃饭的。”他们之所以能从普通青年成长为治党、治国、治军的伟大领袖，靠的就是不断总结。

经常性总结。一项工作完成得很出色，肯定有经验值得总结。而这些经验往往是具有普遍指导意义的。对那些好的做法、成功的诀窍进行反刍，继续消化，并且用合适的形式给予固定下来，力争做到打一仗、进一步。每做完一件事情，完成一项任务，都注意在脑子里滤一滤，想一想在整个工作过程中，哪些是得当的，哪些是欠妥的，哪些是有效的，哪些是徒劳的，有哪些规律可循，就能从中得到启迪，使工作水平不断提高，工作落实更有成效。全军学习成才标兵郭峰到教练营以后，担任营技术员，组织上把150台坦克交给他。刚开始他对这些坦克的技术状况不是太了解，于是就想方设法把这些坦克的性能全部了解清楚，给每台坦克建立了详细的技术档案。从每台坦克多少摩托小时，到完成了哪些任务、什么时候出现了什么故障？一目了然，这项工作后来被单位推广。其实，日常工作训练中，处处有经验可以总结。比如说，战术训练中利用地形地物，一些班排总结出“有坑不用包，有包不用坎，有坎不用树，有树不用草，有草总比没草好，没草就卧倒，卧倒总比站着好，站着就要被撂倒”的顺口溜，战士一听就能懂，很受欢迎。再比如，当前整个敌情战场环境变化很快，我们的装备更新很快，对手的装备也更新很快，我们一定要根据情况变化，不断研究总结自己的战术战法。做到这一点，绝不是一时一地的事，必须经常地自觉付诸行动，切实养成定期进行总结的习惯。如此，力争做好一项工作，得到一条经验；处理一件事情，学会一种解决问题的办法。这样“今日记一事，明日悟一理”，就会“积久而成学”，获得丰厚收获。

阶段性总结。一项重大任务完成后进行小结，个人年终进行述职，都不能单纯地当作形式和程序来走，而应该通过深入的理性思考，把成功的经验和失败的教训总结出来，以便今后更好地发扬和改进。这样才能逐步养成总结经验的习惯，进一步增强理论思考的自觉性。

我们不妨看看美军的做法：1943 年 11 月，美军对太平洋上一个名叫贝蒂欧的小岛上的日军发起了攻击，没想到在这个面积仅 1.2 平方千米的珊瑚岛上，美军竟付出了伤亡 1500 人的代价。此战后，美军太平洋战区司令尼米兹上将当即飞抵小岛，现场对日军的工事和装备等战争要素进行了综合测算，并在一个荒岛上全盘复制了日军的阵地。分析这些数据后，尼米兹提出了著名的“蛙跳战术”，使得美军此后的一连串海岛作战“简直如同演习”。海湾战争结束后，美军向国会提交了 1200 多页的总结报告。如今，那场战争已结束了 20 多年，美军内部对它的研究却一直都在持续进行，即便是一个战斗细节都要反复咀嚼。通过对打过的每一仗每一次演习进行认真总结经验、查找问题、理清思路，才能让经验教训得到充分利用，从而为能打仗打胜仗提供不竭动力。

延长性总结。努力将平时积累的一些点点滴滴的体会和感受，将一些比较零碎、肤浅、片面的东西，通过去粗取精、去伪存真、由此及彼、由表及里的认真分析思考，变成比较系统的、本质的认识，掌握工作的规律，知道今后应该怎样做，不应该怎么做。还要学会举一反三。许多问题从表面看是偶然的，似乎“风马牛不相及”，但联系起来思考，就能从本质上找到很多共同点。

某飞行团团长陈刚很喜欢这样一句话：“你不是没有成长，你是在扎根。”有飞行员开玩笑说，团长快成哲学家了！陈刚在黑板上画了两样东西：一棵大树、一根浮萍。大家顿悟——扎根！扎根是地表以下的工作，看不见、摸不着，感受不到成绩、结不了果，陈刚选择的是“在孤独中沉淀”。

宁愿今天不“结果”，绝不能明天被打“开花”！上任伊始，他没有急于飞精彩课目，而是组织飞行员分析历年来一组组飞行数据，排除了一个个痼癖动作。他多次请来专家，与飞行员共同总结空战心理变化起因和对策……

这些“静悄悄”的工作没有让团队短期内出名挂号，却打下了坚实基础。陈刚的总结是时刻准备着下一次精彩出击。

另外，每个人的认识能力是有限的，不仅要注意总结自己的经验教训，更要注重学习总结周围同志的有益经验和失败教训。

总结好，大有益。

15 饿着的草长得壮，比着练本领更强

自然界有一种现象：当一株植物单独生长时，显得矮小、单调，有时还会枯萎、死亡，但当它与众多同类一起生长时，却长得生机勃勃。

人类在生存中也是如此，人们从大量的事实分析中得出过结论，发现多数科学家在孤独一人时便停滞而无生气，可是当他们群集时就相互发生一种“共生效应”，你鞭策我，我激励你，新的想法不断出现。既鼓舞干劲，出成果，还出人才。英国卡文迪什实验室从 1901 年至 1982 年先后出现了 25 位诺贝尔奖获得者，便是一个典型的例子。我们在连队进行五公里越野时也有过类似感受，全连百十号人，你追我赶，争先恐后，谁的步子慢下来了，马上有人帮他扛枪、拽他一把，连队跑起来就像一条完整的铁链。

在我军的行列中，因共生效应而形成不同特色的人才群体的事例也并不鲜见。如脍炙人口的“两百个将军同一故乡”的佳话，说的就是湖北省红安县为共和国贡献了为数可观的一批优秀将领。某铁军师从战争年代以来共走出了 179 名将帅，其中包括 4 名元帅、4 名大将、18 名上将，还有 39 名中将、114 名少将。

置身于铁军的行列，红一连战士曹声文，每天都被连队的故事和身边的人物所感动着、激励着，心里充满着自豪。他觉得身上有使不完的劲。从连史馆中他不仅得知，铁军出了很多将帅、英雄，还得知活捉敌军师长张辉瓒的，正是红一连里的一名炊事员！惹得他心里痒痒了好几天，他觉得自己也能行！

带他的第一位班长冯传强，单双杠上下翻飞，跨越障碍身轻如燕，战术场上虎虎生威。在一次涉外演习中，冯班长担任主攻连的尖刀班班长。谁知，正式演习的头天晚上，班长突然发起高烧，听说连队准备换人，冯班长拔掉输液的针头，跑去向连长请战。在敌机轰炸、导弹呼啸、炮火交织的演习场上，冯班长指挥战车一路冲杀，猛虎一般扑向敌阵，大获全胜。老连长郝自远，确定转业后，还天天坚持出早操、上训练场，手把手教他动作要领，并语重心长地说："进了铁军的门，要当铁打的兵，训练上不去，甭想立住脚。"这些话深深烙在了曹声文心里。在连队，最光荣的是训练标兵，最神气的是比武尖子！他暗暗地横下一条心：铁军姓铁，就是要有铁的意志，铁的本领！再苦再累、再难再险，也要像老连长、冯班长他们一样练成一名铁兵！打那时起，他不断给自己加大训练强度和难度，有时一个课目，几十次，几百次地练，手磨破了，腿摔肿了，咬牙坚持。经过刻苦训练，他意志越练越坚强，身板越练越硬棒，武艺也越练越精湛。成了全连的第一，他没有满足；成了全营、全团的第一，他没有骄傲，还要在更大范围内争第一。

在举世瞩目的"和平使命——2005"中俄联合军事演习中，他第一个驾驶装甲车驶入大海，第一个成功抢滩登陆，第一个把胜利的红旗插上主峰，被俄罗斯国防部长授予“战斗友谊”勋章。

红一连还有这样一个兵：广东籍战士陈永龙。他 26 岁不幸患上白血病，生命走到尽头的时候，吃饭喝水都很困难，却用颤抖的手写下了第 5 份入党申请书。他写道：“在我短暂的军旅生涯中，总有英雄的故事陪伴，总有红军传统的熏陶，尤其是困难危险面前那些党员骨干的形象，总是激励着我……”

那天，就在病房里，连队党支部为陈永龙举行了入党宣誓仪式。陈永龙躺在病床上，艰难地举起右手，一字一句地宣誓。3 天后，他永远离开了这个世界，临终前他说：“如果有来生，我还要到红一连当兵。”

诺贝尔物理奖获得者温伯格讲过一句话：“你想成为什么样的人，多少有点取决于你与谁在一起上学。”具有不同才能、技能、个性的人才所组成的群体，有时需要通过激烈竞争来相互激励，从而激发各自的潜力，以促进水平的提高。这种竞争往往会激发出超过体力所及的斗志，取得意想不到的结果。在犹太经典《塔木德》中有一句名言：和狼生活在一起，你只能学会嗥叫；和那些优秀的人接触，你就会受到良好的影响。用战士们的话说：“大家都这么嗷嗷叫地干，你不自觉就嗷嗷叫了！”“嗷嗷叫”是中国军人通行的、嘉许程度很高的褒义词。

有这样两个兵，同样的长相、同样的年华，演绎同样的精武传奇。“钢七连”孪生兄弟——祖国昌、祖国强，刚到部队时，兄弟俩的训练成绩并不过硬，有的课目还比较靠后，哥俩商量，这个样子，没法向家里交代。他俩约定，比着练，摽着干，谁也不让谁。“看谁先把军功章寄回家”！

从此，他们坚持每天提前起床练冲坡，一直冲到两腿发软；中午推迟午休练吊杠，吊得两臂发麻；晚上别人睡了，兄弟俩还悄悄地到走廊上练俯卧撑、仰卧起坐。最终以全优成绩完成入伍训练，一起被集团军评为“优秀新兵”。这一段艰难的经历让兄弟俩吃尽了苦头，也尝到了甜头，更让他们认准一个理：“基础差，起点晚并不可怕，只要心存勇于逆袭的劲头，就一定能够实现心中的梦想。”

团里要选拔一批尖子参加上级“猎人”集训。“猎人”集训队是一个超负荷、超极限的特种训练营。经过两个月的层层筛选，兄弟俩都入选了“猎人”集训队。这里高手云集，实行全程淘汰，竞争极为残酷。兄弟俩握紧拳头：“咱俩谁也不能落下。”穿越泥潭、抗疲劳、耐饥饿、意志训练，各种课目没完没了。特别是攀岩、潜水、飞三角翼等高难课目险象环生。“魔鬼周”训练，一个过程下来，全身就像散了架，吃饭穿衣连手都抬不起来，睡觉还要相互帮忙才能爬上床。

开弓没有回头箭，兄弟俩心中笃定，既然来到这里，即使倒也要倒在训练场，爬也要爬过终点线。在写给连长的信中说道：“磨掉皮、流点血算不了什么，为了军人的尊严、连队的荣誉，保证不当孬种。只要练不死，就往死里练！”兄弟俩咬紧牙关，终于笑到了最后。哥哥祖国昌取得 5 个单项第一，弟弟祖国强取得 3 个单项第一，双双被评为“优秀猎人”。

法国诗人兰波写道：“只要我们怀着火热的耐心，到黎明时分，我们定能进入那座壮丽的城池……”在下连当兵时，我遇到这样一件事。连队组织了一个战备射击训练，要求连贯作业，五公里越野、400 米障碍、射击考核等一一展开，无论是战士还是干部都要进行考核。指导员刚从机关下来，战备射击是第一次打。他一开始就给大家定了目标，命中三发是合格，达不到目标差一发子弹是 100 米蛙跳加一公里跑。定了这个目标之后，大家热情很高，结果打完之后好几名同志都打到了三发以下，最重要的是指导员只打中一发。成绩公布后，指导员微微一笑，扛上靶牌主动“受罚”去了，因为指导员主动“受罚”了，所以不管是士官还是上等兵、列兵，也都主动跟着“受罚”。整个训练过程中，一个跟一个比、一个带一个、一个鼓励一个，全连训练热情都很高。这样的事，在任何一个连队，你可能都常常遇到。追逐梦想的征途上，强者不是没有眼泪，只是可以含着眼泪继续向前奔跑。其实，世界上没有什么幸运的事，纵然有，也是坚持的结果。准备打仗是一场“寂寞长跑”，正如草的生长，经过风刀霜剑的严逼，积蓄力量默默生长。即使没有喝彩，没有掌声，也要默默加力、衔枚疾走，在寂寞中抓牢土、深扎根。

像美军海豹突击队员在《艰难一日》中写的那样：“我们没有什么与众不同，就是通过反复的基础训练，使任务形成肌肉的记忆。”

现代行为心理学的研究表明，重复 21 天以上的行为会变成习惯，重复 90 天的行为会变成稳定习惯。如美军规定部队年训练不少于 1800 小时，德军为 1980 小时，按每天 8 小时训练时间计算，年度训练达到 230 天左右。我军有着勤学苦练的优良传统。20 世纪 60 年代轰轰烈烈的大比武中，部队在高温酷暑下练战术、练技术，在严寒积雪中练指挥、练协同。现代战争要求军人具备的素质，也只有在高难度、高强度的训练中才能练就，除此之外，别无捷径可走。在全军“砺刃——2013”比武竞赛中，某机步团四班班长毛旭初上演传奇一幕：力克众“老A”，一举夺得“反恐侦察”单项冠军。传奇的背后，是汗水的浇灌。年轻的士兵，把“奋斗”变成了青春的日常。仅为练就快速射击这项绝技，毛旭初8年雷打不动：每天举哑铃200来次，快速出枪300次，挂水壶据枪2个小时，闭目换弹夹100次。

在采访中，我记下了一组中国士兵的“肌肉记忆”：特种兵曾昇铨进行射击训练，每次瞄准前都先进行400米冲刺；力量训练，每天雷打不动扛圆木深蹲200次，仰卧起坐200个，“鸭子步”200米；某部红九连从老兵到新兵，从干部到战士，不管是连排长还是“伙头军”“勤杂兵”，官兵们每人腿上终日都绑着三千克重的沙袋练体能，365天雷打不动：跑完五公里越野，接着是400米障碍，再接着是单靠双手着地前进100米，最后是仰卧起坐和俯卧撑各100个……

胜利和荣誉不仅仅是靠最后关头拼出来的，更是靠平时一天一天、一招一式、一刀一枪，日复一日、循环往复，在充满汗水、泪水、血水的训练场上练出来的、熬出来的、磨出来的！

有首歌里唱道：“没有花香，没有树高，我是一棵无人知道的小草。”草的颜色，士兵的颜色。一棵一棵根深叶茂、生机盎然，一片一片守护着疆土，染绿着山河！

16 虎狼逼出好猎手，“强敌”过招才能练出好身手

有这样一则寓言：

一天，一只自傲的老鼠找到了老虎。

他说：“喂，听别的动物说你很厉害，我却偏不相信，我要和你决斗，看看究竟谁更厉害！”

谁知老虎刚一听完老鼠的挑衅调头就跑。

老鼠非常高兴，说道：“看啊，老虎都怕我了，不敢跟我决斗！”

老虎却说：“喂，小声点！不是我怕你，我只是担心我和你决斗的消息传出去坏了我的名声！”

一段时间里“老鼠”找“老虎”对决的演习不为少见：

红军打蓝军，炮声隆隆，弹无虚发，真是“一打必中，一攻必破，一围必歼”；而蓝军打红军时，则是攻则不下，射而不中；红军设想蓝军会到达哪里，蓝军果然如约而至；红军采取诱敌深入的办法迫其就范，蓝军果然误入其中……与虎谋皮，不得其皮但得其勇；与鼠谋皮，得其皮而不得其勇。对抗演习中，表面上热火朝天，“老鼠”很有面子，“老虎”也很“给力”，而实际上“红军必胜，蓝军必败”的演习，只能是一场连自己都不能相信的作

秀。比喻不一定恰当。但不可否定的事实是：战场上的胜利靠的是真本事、硬功夫，不是你想胜就能胜的！

一位战争史学者说过，敌人不会任由我们摆布而通常会有所选择，而这些选择却可能击败我们的作战计划。这番话，道出了战争的要害和本质，也点出了“兵者，诡道也”的精彩和本色。尖刀不能光靠抹油，更需淬火。以强敌为参照，为的是在和平时期让部队永远有对手，永远有打仗的压力，永远在劲敌环伺中求生求胜。我们唯有把“假想敌”设计得足够强大，逼得指挥员出冷汗，逼得部队出热汗，遇到险情才会绝地逢生。蓝军越是险招狠招齐出，红军越能见招拆招，越能强素质、铸铁拳，淬出无坚不摧的战火金身。记得有这样一句歌词，没有对手怎知我多强。没有竞争，就没有发展，自己就不会强大。由此使我想起了清朝的康熙大帝，他在执政60年时，举行了一个“千叟宴”以示庆贺。宴会上，康熙敬了三杯酒，其中第三杯酒是敬给他的敌人吴三桂、郑经、噶尔丹和鳌拜的。众臣大为不解，康熙却说：“是他们逼着朕建立了丰功伟绩。没有他们，就没有今天的朕。所以要感谢他们！”可见，强劲的对手是成就丰功伟业的重要原因之一。和平积习，最可怕的是被一厢情愿的胜利麻醉。只有把“假想敌”设像、设狠、设强，让官兵眼中的敌人真正强大起来，才能与“狼”共舞，练就实战硬功。

美军在越南战场之所以遭受重创，原因固然很多，他们战后总结认为，一个最主要原因就是把对手想简单了。在战前对抗演练中，美军常常让同一飞行中队的战机扮演“蓝军”，且为了降

低战机损耗，飞机的外挂都被拆得一干二净，美军就这样输给了自己心中的“蓝军”。

把敌人设弱，只能是自欺欺人，必然会品尝到失败的苦果。1942年，中途岛战役发起前，日本海军大学曾对此次战役进行过一次推演。推演结果：日本海军战败。可当时日军无法接受这一结论，毕竟在偷袭珍珠港之后，日本海军所向披靡，未曾一败。在海军一片质疑声中，海军大学校长亲自修改作业条件，将美军的实力设弱，随后推演出日军大胜的结局，联合舰队官兵满意地踏上了征途。演习可以掩人耳目，战场却来不得半点虚假。最终，日本海军以一次完败收场。

俗话说，真金不怕火炼，只有敢于自我挑战，敢于和“高手”过招，才能知道自己的本领如何；是不是真金，也只有到烈火中锻造才能知道。

数学家华罗庚鼓励年轻人做学问干事业要勇于和强者较量。为此，他把“班门弄斧”这句成语反其道而用之，主张“弄斧必到班门”。华老说：“这不是艺高人胆大，这是我一贯的主张，下棋找高手，弄斧必到班门！”接着他进一步解释这个观点，他说，“中国成语说：不要班门弄斧。我的看法是：弄斧必到班门。对不是这一行的人，炫耀自己的长处，于己于人都无好处。只有找上班门弄斧，如果鲁班能够指点指点，那么我们进步能够快些。如果鲁班点头称许，那对我们攀登高峰，可增加信心。”

华老的论述，启示我们：习练过硬本领，不妨同“强敌”过招、到“班门”讨教。

某团迫击炮班下士周龙由于训练得法，射击成绩在同年度兵中出类拔萃，他总想找老兵“比试比试”。听说炮班班长高四龙军事素质好，周龙主动找他“PK”。高四龙欣然应战。算标尺、查图表、推算诸元……周龙一气呵成5发4中。轮到高四龙，他竟然采取了难度更大的方式射击：5发5中！周龙对他说：“班长，你人炮合一，我服了。”

打那以后，原来“傲气十足”的周龙训练更勤奋。高原驻训，周龙作为全营最年轻的班长，带领全班摸索出高原极限射击的新打法。

全军学习成才标兵肖毅在日记中写道：“实现军事过硬是一个永无止境、不懈追求的过程，在师里过硬不等于在军里过硬，单项过硬不等于全面过硬，今天过硬不等于明天过硬，要真正掌握打赢本领，必须敢于打破现状，不断超越自我，超越别人，才能始终站在打赢的最前沿，才会使自己立于不败之地”。入伍以来，他身上一直带着个小笔记本，专门记录集团军范围内比武冠军的情况，哪个课目，谁是“状元”，成绩是多少，有什么技术特长和绝活，都记得一清二楚，当作自己学习和赶超的目标。他了解到本班战士巴根那曾是呼和浩特市少年组长跑冠军，就提出要和巴根那比试比试。第一天连队组织五公里越野，肖毅和巴根那较上了劲，尽管他拼尽了全身力气，到达终点时还是被巴根那甩出了20多米远。肖毅主动与巴根那交朋友请教跑步要领，巴根那从运气、用力等基础的要领进行讲解，通过专业性的教练，再加上肖毅善于动脑，不久，肖毅的五公里越野成绩呈直线上升，很快成了团里的“飞毛腿”。这些年，师旅团有点名气的训练尖子，如“障碍王”张卫军、“越野王”吴波、“器械王”胡宝峰、“神枪手”王加胜等，肖毅都曾拜过师、过过招。正是靠着这种不断拼搏精神，他练就一身过硬本领，在国际赛场斩金夺银。他被评为“科技练兵先进个人”，被军区授予“精武尖兵”荣誉称号。

《狼图腾》中有这样的话，没有猎物我们就去寻找猎物，发现猎物我们就去追逐猎物。与狼共舞，要比狼更有狼性。让个个是“头狼”的蓝军来检验红军，带出的必将是“嗷嗷叫”的血性狼群。1982 年，在美国欧文堡陆军国家训练中心，美国的第一支“红军”部队诞生了，这支从外形到作战都酷似苏军的机械化团的部队被命为“第 32 近卫团”，由美第 31 机械化步兵团的第 6 营和第 73 装甲团的第 1 营组成的。这支部队完全“敌方化”，他们按照苏军的作战方法进行训练，并使用改进型（陈旧的）仿苏式“谢里登”转型坦克，穿着敌军军服，使用敌方武器装备，按敌方的战法实施和“战斗”。曾“磨”出全球第一支数字化战斗师这把尖刀。美军认为，只有打败了“假想敌”，才能在未来战场上战胜真对手。

有资料显示，牺牲于空战的飞行员，大多是飞机在头 10 次空中格斗中被击落。1966 年，以色列空军组建了世界上第一支模拟蓝军部队——“外国空军模拟大队”，在模拟对抗中屡屡重创红军，帮助飞行员成功避过“头 10 次”，在此后与伊拉克的空战中，以色列空军以 1 ∶ 20 的击落比率重创对方，蓝军的威名从此震惊世界。

日本的假想敌部队又称“离岛特战部队”，主要负责岛屿特种作战。韩国潜心打造的假想敌部队又叫“影子”部队，号称“除了效忠对象不是朝鲜，一切都是朝鲜的”。

各国的蓝军都是精兵强将。毋庸置疑，蓝军越强，红军才能越红。蓝军之“蓝”，不仅在武器装备、力量编成等方面做到“形似”，更在战术思想、指挥谋略甚至思维方式、日常习惯等方面做到“神似”。只有形与神兼备，才堪称“可怕的对手”，才是真正的砺剑之石。有人说，军事斗争准备注定是一场寂寞的长跑。但是，只要敢于引“狼”入室，直面“狼”的獠牙，被“逼到绝境、难到极限”，为能打胜仗加钢淬火，为随时亮剑砥砺真功，这场长跑就不会寂寞。

《解放军报》报道的新一代“蓝军司令”某摩步旅旅长王鹏，平头，黑脸，鼻梁上架一副白边眼镜，胸前一块蓝色胸标：“模拟蓝军部队”，下面一排英文：“DOUBLE EDGED SWORD”——双刃剑。

一次演习，“红蓝”双方互相实施电磁侦察，电波如潮，密布山峦沟壑。清晨，“蓝军”侦察潜伏组报告，一群“红军”士兵在挖工事，王鹏煞有介事地呼叫前指：“老虎，我是狐狸，我对面是对手基本指挥所，打他一下！”

“旅长，不能在步话机里说！”参谋急忙制止，电波那头，指挥员心领神会：“派一个排行不行？”“不行，派一个连！”王鹏放下步话机。果然，“红军”截获通话上当了，专门派出一个营去对付那个“影子连”。

打机降，“红军”直升机一起飞，王鹏就在战术指挥网上看得一清二楚：“拉防空警报！”直升机凌空，王鹏心里不慌，部队事先已改装了12辆“勇士”车，拆掉导弹，装上高射机枪，10名战士登车严阵以待。“出发”直升机正在下降，6辆战车冲来，黑洞洞的枪口直指机腹。

导弹部裁决:“红方机降失败，直升机退出战场！”

模拟“蓝军”部队越打越狠，越打越刁，做到了“知敌、像敌、超敌、胜敌”，在复杂电磁环境下的真打实抗中显现出“敌军的样子、外军的影子、我军的骨子”。

一个平时连两米宽的小沟都跳不过去的人，一旦遇到呲牙咧嘴的狼，竟能一跃而起、纵身而过，所谓“置之死地而后生”就是这个理儿，逼一逼、大有益。

“对手”是最好的老师，很多时候，是对手在“引导”我们学习战争，“教会”我们怎样打仗。我们不能把未来的胜利，寄托在敌人的软弱和愚蠢上，演蓝军不是当熊猫，要当就当豺狼虎豹。“头狼”带头，比狼还狠，结结实实给红军亮出了“獠牙利爪”。

今天是演习演练的对手，明天是一起抗敌的队友，要砥砺出真本事硬功夫，共同保家卫国。

“围墙里的冠军不算数，未来战争我们面对的是世界劲敌，必须练就跟强国空军同台 PK 的本领。”空军某团副团长吕劲松将目光牢牢锁定在了那片不平静的蓝天。

人们常说，和平年代的军人，注定要在沙场练兵的等待中老去，然而对于长期担负战备值班的吕劲松和他的战友们来说，每一次紧急升空，都是实战的考验；每一次战斗起飞，都是主权的捍卫。

一天，战备警报突然拉响，某国一架战斗机正在逼近我国领空。吕劲松迅速戴上头盔、拎起面罩，和战友们飞速冲向战机、跨进座舱。顷刻间，战机轰鸣滑出，加力起飞，直奔某目标海域……

面对突发情况，机组成员沉着冷静，一边按照特情处置方案，向对方发出警告，一边迅速向指挥员报告情况。

在我领空，岂容敌机猖狂？双机编队不断逼近目标，视线里的敌机也越来越清晰。短暂对峙后，敌机迅即飞离……

潜心磨剑法，制胜是王道。只有平时敢于同“高手”过招，战时才能胜券在握，决战决胜！

17 刀剑越磨越利，本事越用越强

青年战友们大多羡慕那些战场上的英雄、比武场上披金挂银的楷模。但是，我们是否想到过每一个成功者过关斩将、一剑封喉的本领是如何练成的呢？就像古剑龙泉的铸造，烈火煅烧、反复淬炼；就像泰山挑夫，登临峰顶需要走过九曲十八盘！

军人生来为战胜，不问苦练有多难，只问打赢有多远。强军路本不是一条坦途，唯有铲除怕苦怕累的“绊脚石”“拦路虎”，吹起冲锋号，擂响进军鼓，才能开启凯旋门，登临胜利的巅峰。

淬火：百炼成钢

战场生存法则总是让人不寒而栗：唯有强者才能不被蚕食，唯有强者才能不被凌辱，它从不同情弱者。所以适应战场的唯一法则是，让自己变强！如何变强，危中强训，险中练兵应是“法宝”之一。如果把过硬本领比喻成一把利刃，那么重大任务就如同淬火的熔炉。只有平时历经千锤百炼，战时才能稳操胜券。我军历史上涌现出的雄师劲旅、英雄模范，大都是在重大任务中摔打磨砺、百炼成钢的。

据《空军报》介绍，1993 年 8 月，年仅 46 岁的试飞员刘刚在执行歼 –8B 飞机试飞任务时，因飞机空中解体壮烈牺牲。刘刚的牺牲，说明新型飞机存在解体隐患，谁还敢接着试飞？组织上找到了黄炳新。那时，已荣获“试飞英雄”荣誉称号的黄炳新堪称功成名就，似乎完全没有必要去冒这个险。可他没有犹豫，挺身而出，在这个型号飞机上连续试飞了 10 多个架次，最终解决了飞机隐患。在试飞生涯中，黄炳新 25 次把理论上无法挽回的飞机飞了回来，用敢于担当的勇气和过硬本领创造了世界航空飞行史上不可复制的奇迹。

未来作战是最高层次的博弈，只有精通手中武器装备和作战指挥技能，具备驾驭信息化装备、指挥信息化作战的能力，才能发挥人、武器与信息的最佳作战效能。

“中国首艘航母何时能形成战斗力？”辽宁舰的下水，点燃了中华民族的百年强军梦，引发举国上下热切期盼。只有战机成功着舰，辽宁舰才能成为一艘真正意义上的航母！这时某大国一名上将预言：10 年之内，中国海军不可能让舰载机上舰。

有人把舰载机着舰比作“尖刀上的舞蹈”，舰载机飞行员无疑是“刀尖上的舞者”。战斗机在航母上起降，是特别危险的飞行课目，稍有一点点误差就会机毁人亡。在“二战”后的 70 多年里，美国海军损失了上万架飞机，平均每 2 天摔 1 架飞机，牺牲了 1000 多名飞行员，其中绝大部分事故是发生在着舰的一瞬间。“刀尖上的舞蹈”看似壮美，其实是在与死神共舞，他们的专家预言：“中国的辽宁号只能威胁毫无经验的飞行员的生命。”但这并未让中国航母人望而却步。

戴明盟，这位海空雄鹰团的尖子飞行员，和他的试飞团队从此开启了惊心动魄的“着舰人生”。戴明盟第一个执行极限偏心偏航阻拦试验，第一个执行飞行阻拦着陆试验，第一个在地面滑跃起飞，第一个绕舰飞行、触舰复飞，第一个从舰上起飞发射导弹……先后完成科研试飞400多架次，进近飞行2000多架次，绕舰飞行100多架次。就在这一个个“惊心动魄”的“第一次”中，磨砺了翅膀，增长了本领。中国人终于又实现了一次零的突破。

2013年初秋。渤海湾畔，阴雨绵绵，一架架歼-15舰载战斗机昂首待命“着舰”试飞。对这一激动人心的历史时刻，《人民海军》进行了较为详尽的报道。

军委主席习近平亲临视察，检阅这支英雄的年轻的部队。此时，风越刮越猛，雨越下越急。

“飞不飞？”现场所有焦急的目光，都投向一位年轻的海军上校。

“飞！”着舰首席飞行员戴明盟的回答从容而坚定。像往常一样，他第一个登上机舱。清跑、起飞、盘旋、着“舰”、挂钩……所有动作一气呵成，精准无误。

现场，习主席带头鼓掌，随后亲切接见戴明盟等舰载机试飞员，并勉励他们：“再接再厉、深入钻研、精学精练，早日成为优秀的航母舰载机飞行员！”

2013年8月，习主席签发中央军委命令，授予戴明盟“航母战斗机英雄试飞员”荣誉称号。2015年9月3日，戴明盟作为长机飞行员带领舰载机梯队参加了纪念抗战胜利70周年首都阅兵。

有个道理不言而喻：过硬本领的生成主要是血与火地磨炼。

无论什么形态的战争，一旦开战，都免不了跋涉于冰天雪地之间、驰骋于酷暑炎热之地，或冒雨露营、或昼夜兼程，有时甚至寒不得衣、饥不得食、渴不得饮。抗日战争时期，粉碎“皇军不可战胜”神话的平型关大捷，八路军115师官兵顶着狂风暴雨、涉急湍山洪，连续强行军5小时后，将士们全身湿透，伏于山岩、沟壑、湿地，出其不意，一举歼灭来犯之敌。克劳塞维茨在《战争论》中写道：“一支满身创伤、久经锻炼的部队所发扬光大的和经过锻炼的团体精神，是那种单靠条令和操典黏合在一起的常备军的自负和虚荣心所不能比拟的。”急难险重任务既能提供真实的环境氛围，又对军人的吃苦耐劳、勇敢顽强、机智果断等品质要求很高，是锤炼过硬本领的大舞台，越是任务艰巨，越是条件艰苦，越是摔打磨炼的好时机。过硬本领用在战时，练在平时，不经一番“寒彻骨”，怎么锻造出“刀尖子”？

一支能征善战的部队，必须是一支历经摔打磨炼、习惯出生入死的队伍。“绝对强于对手、绝对高于对手、绝对细于对手、绝对超于对手”，某特战大队官兵有路不走钻山沟、有屋不进住帐篷、有桥不过练泅渡已成为特战团训练的常态。官兵们总是见了任务就兴奋，任务越重越精神，在完成一次次大项任务中当尖刀、挑重担、磨利剑。

一次，山东某煤矿发生严重溃坝事故，181名矿工被困井下，生命危在旦夕。受领任务后，数百名官兵火速集结迅速赶往出事煤矿。部队机动行军过程中，天降大雨，电闪雷鸣，道路泥泞，但抢险救人刻不容缓，大队领导带领车队全速前进，1 个多钟头便赶到救援现场。官兵们不顾连日野营训练的疲劳，立即投入抢险救灾之中，经过 30 多个小时连续奋战，成功封堵溃口，为保护人民群众生命财产安全赢得了宝贵时间。

兵者，国之利刃。“刀尖”始终保持锋利，是履行使命任务的需要。战场的血腥残酷，超出常人所能理解和忍耐。训练险一分，制胜机会就增一分。只要对提升战斗力有利，无论条件多么艰苦、环境多么恶劣、情况多么危险，都要奋力冲锋。勇于挑战极限，敢于险中求胜。飞行员王国辉在笔记本上写下这样的训练感言：“有人说我们“80 后”是垮掉的一代，指责我们浮躁功利、过于自我、缺乏责任感，难以肩负重任，事实上我们一点儿不比父辈逊色。”王国辉为“80 后”正名。

飞行训练难度强度逐渐增大。2014 年 8 月 19 日 12 时 12 分，王国辉驾驶战鹰升空，准备进行二对二空战训练。

13 时 14 分，刚准备返场，王国辉突然报告右交断电，情况比虚警更加紧急。

13 时 15 分，王国辉报告：“右发停车！”指挥员下令：“保持好状态，及时返场。”

王国辉凝神静气，心中一平如镜，熟练地操纵战机于 13 时 31 分安全单发着陆。

“实话说，此次事故征候是因关键位置开口销被切断，一系列力的作用将油门拉到停车位置，造成空中停车比上次情况更紧急，但大家都相信王国辉的能力，他在我们心中可是响当当的特情处理大师。”一名飞行员佩服地说。

“我要继续飞，特情什么的我不怕，怕就怕没了理想。”王国辉坚定的目光始终锁定着这片蓝天。

记得但丁的《神曲》中有这样美好的词句：“不要怕！定定心！我们也在美好路上了！不要后退，发展你的力量吧！”

奥运会有句名言：“人就是要硬把自己推到极限之外。”挑战极限，便会超越自己，超越极限！

每每诵读英国桂冠诗人为长跑者写的诗句总让人陡增英雄气、陡添打虎胆：掠走了风的速度，也掠夺了我们的心！

英雄们以“风的速度”，星夜兼程，披荆斩棘，砥砺本领的豪情和担当，总让我们感佩不已，其实英雄就在我们中间，我们又何尝不是英雄？

让我们一起行动起来，挽起勇士的臂膀，把岗位当舞台，将任务当课堂，自觉在血与火、生与死中检验本领，锤炼本领，提高本领！

登山：非常之观，常在险处

战友们日常登山、攀岩，都会有这样的体会：起初从山脚出发，登山者络绎不绝，而越往上走，登山者往往因山路艰险而折返。山路越崎岖，风景越秀丽。最后只有那些有信心、有毅力、有恒心登上“南天门”的勇士，才会领悟到“会当凌绝顶，一览众山小”的意境。宋朝王安石写过一篇《游褒禅山记》，抒发他游褒禅山石洞的感受。他说:“入之愈深,其进愈难,而其见愈奇。”但不少人害怕有进无出而不敢游到底,王安石对此发出无限感慨:“而世之奇伟、瑰怪、非常之观,常在于险远,而人之所罕至焉,故非有志者不能至也。”不难则常见,常见则无奇。要奇,要有大的成功,就必须克服艰难险阻,坚持到底。

登山如此,锻造打胜仗的本领也是如此。在古代兵书里,只有具备泰山压顶不弯腰的刚强和坚韧的军队,才能在战争中排除万险、屡战屡胜;只有敢于攻坚克难的军事家,才能在战争中一剑封喉、决战决胜。三国时期的诸葛亮,排练八卦阵,率先解决了弱旅步骑之间通过有机结合,抵御北方强大骑兵集群冲击的问题。唐代将领李愬率军顶风冒雪、昼夜疾行。尽管十分之一二的士兵冻死途中,仍冒雪前进 100 余里,迅速占领蔡州……

坦然面对艰险,昂然应对困难,在人民军队的历史上更是军人的常态。这让我想起几位战友攀登“打赢”之山的故事。

海军司令部参谋马泽讲的故事:

2014 年年初,我作为海军机关观察员,随同 372 艇出海,亲历了 372 艇掉深的全过程。

海洋中存在着因海水深度、盐度、密度等状态在垂直方向出现突变或不连续剧变的水层,被称为海水跃层。如果海水跃层是上层密度大、下层密度小的状态,海水浮力就会由上至下,急剧减小,形成海中断崖。所谓“潜艇掉深”,就是潜艇在水下航行中,突遭“海中断崖”,会立即失去浮力,急速掉向海底。自“二战”以来,各国非战斗沉没的 90 余艘潜艇,80%以上是因为遇到潜艇掉深。

险情发生的时候是凌晨，当时潜艇正在水下大深度巡航。指挥舱忽然发现潜艇深度开始增大，1 分钟增大 10 米，当更艇长马上意识到这是突发异常掉深；第 4 分钟掉深 30 米；第 5 分钟仍然掉深 40 米；第 6 分钟掉深 49 米，当时艇体因为舷外海水压力而变形发出“嘎嘎”异响，当更艇长立即下令中止主压载水舱供气，休更的本艇艇长也来到指挥舱协助指挥。大概不到 20 秒，五舱当更艇员突然听到身后一声巨响，大量海水喷入舱内，立即停止工作电机，断开电源，并向指挥舱报告；指挥舱接到五舱报告后，海上指挥员果断下令所有主压载水舱供气，当更艇长下达损管警报，此时五舱 3 名艇员迅速准备封闭舱室，封闭管路，及时限制海水向舱内涌入。因潜艇深度深、压力大，舱室进水速度快、水量大，且失去动力，导致潜艇继续掉深，并出现较大尾倾，艇员需要抓住机械设备才能站稳。第 8 分钟，在供气和损管堵洞的作用下，潜艇掉深 70.6 米后停止掉深，开始上浮；第 14 分钟潜艇安全浮至水面。经过全艇官兵努力，3 小时初步恢复了潜艇机动能力。在随后展开的海上抢修中，官兵们冒着舱内 50 多摄氏度的高温，在 90 小时内最大限度地恢复了受损电气设备，并战胜各种困难完成了后续任务。

马泽沉吟了一会儿，试图从惊心动魄的一幕中把自己拉回来。他说，面对“掉深”随之可能艇毁人亡的险情，372 艇能够化险为夷，除了需要舍其身、忘其家的气魄，更需要实打实、硬碰硬的真本领。只有平时付出比对手更多的心血和汗水，在关键时刻才敢于亮剑。可想而知，没有全面过硬的本领素质，哪来迎难而上的绝地反击？离开一招一式的苦练精练，哪来一招制敌的制胜绝技？马泽谈到，战场上，军队只有一次机会，失败就意味着失去一切，不能做“一去不复还”的壮士，只有依靠能打胜仗的过硬本领才能够走上战场，去排除万难，克敌制胜。

某旅装备部技术室工程师曾佼龙讲的故事：

战略核导弹是我们的“国宝”，造价昂贵，仅供日常训练的一套装备就价值几个亿，而且难以满足训练要求。我和战友们就琢磨着：一个是，研究我国新型战略核导弹的模拟训练装备，实现“没有装备也能训练”。再一个是，研发某型导弹原理仿真系统，在导弹未定型时，部队能提前介入训练，从而缩短战斗力形成的周期。

项目开展后，发现难度远远超出我的想象。拿仿真系统研制来说，首先，弹上计算机模拟就是第一个“拦路虎”。弹上计算机，形象地说就是战略核导弹的“大脑”。有了模拟系统，才有真正意义上的实战化训练。我们集中攻关了两个月没有进展。当时，旅里准备去厂家采购实装。但是这个设备很昂贵，买回来也很难满足训练要求，还要请专家跟踪保障。我就想，我们天天训练，随时准备打仗，能让专家总是跟着我们吗？我向组织立下军令状，一定要把这个项目攻下来。我憋在机房干了 3 个多月，光二进制代码就打印了好几麻袋，汇编出的程序有二三十万行，排在一起有 10 千米长。硬是凭着一股蛮劲，搬掉了这个“拦路虎”。

曾佼龙腼腆地说：其实接受任务后我也说不清有多大把握，但就是认准一个理，遇到困难不敢去接、不敢去闯，就一点把握也没有。只有不怕困难，才可能战胜困难。我记得关于困难有两个颇耐人寻味的比喻：一个是“困难就像老鼠，听见脚步声就吓跑了”；另一个是“困难就像一条狗，你怕它，它就会咬你”。有人专门统计过国外 293 个著名文学家的传记，发现 172 人在生活和工作中都遇到过难以想象的困难，遭受过重大挫折，而他们的成功都有一个共同的公式，即挫折——奋起——成功。所以，从一定意义上说，困难是给予成功者的特殊馈赠。“困难和成绩常常是相伴相随的。困难越大，战胜困难之后所取得的成绩也就越大”。怕苦畏难既做不好人，也干不成事。如果说有点把握，也都是在克服困难中一点一点地干出来的。

某特战团一连班长李会讲的故事：

受领全军比武任务后，既要训练体能，还要钻研专业。我的体能训练每天夜里开始，清晨结束。脚底磨出血泡，血泡破了露出嫩肉，再磨成老茧，如此反复，脚掌练成了“铁蹄”。有次夜行军，腿部被枯枝剐得伤痕累累、鲜血淋漓。出血化脓结成了厚厚的痂。李会笑着说，这些苦倒不怕，落后才可怕。当时也顾不得这些啊，后面还有一大堆专业课需要学习。常常是创可贴一贴，便抓紧去学习，咬咬牙也就过来了。俗话说，跌倒了，爬起来，只要爬起来比跌倒多一次，就成功了。集训结束，再回头看看，收获倒是蛮大的：集训期间，就穿破了 4 双陆战靴、3 套迷彩服；每天连续按键上百次，激光测距机测距件就用坏了 3 个，像熟悉自己身体一样熟悉了新装备上的每一个部件，熟练掌握了微光夜视仪、照相侦察、传感等多种高科技特种侦察装备的操作使用。

在“砺刃 -2013”全军特种部队比武竞赛中获“抵近侦察”课题金牌，荣立个人一等功。

人在苦中练，刀在石上磨。李会深有感触地说：“有一部叫《短刀行》的功夫片，其中一个叫孟小花的厨师用菜刀战胜了手持宝剑威震武林的青衣楼主陈士元，这难道能说菜刀比宝剑厉害吗？其实不下苦功夫，再好的招法也只是花拳绣腿，舍得下功夫，洒汗水，吃得苦，耐得劳，才能学到真本领，再不起眼的菜刀也一样成为制胜的利器。”

过硬本领是血与火锻炼而成的尖刀利刃，不管是传统装备，还是新式武器，都需要智力和体力上的付出，只有努力过后，才会知道成功有时并不遥远。

三个故事讲完了，亲爱的战友们，你是否领略到了“登山”的一二机缘？有了“一览众山小”的恍然顿悟呢！

习主席说：“现在，青春是用来奋斗的；将来，青春是用来回忆的。”青年战友们矢志精武强能，练就一身能打仗、打胜仗的真本事，“只等军令动，报国上战场”！用一腔青春的热血和精湛武艺卫国戍疆，在强军兴军伟大实践中，留下智慧、博学、刚强、无悔的军人样子和一串串将来值得回忆的奋斗足迹……